新版 やさしいアレンジで楽しく弾ける！

保育のピアノ伴奏

12か月 人気156曲

西東社編集部　編

西東社

もくじ

● 曲名さくいん ………………………………… 4
● 歌い出しさくいん …………………………… 6
● ジャンルさくいん …………………………… 8
● 本書の見かたと特長 ………………………… 10
● 楽しく歌える伴奏のポイント　基礎編 …… 12

4月
あくしゅでこんにちは（入園） ……………… 20
せんせいとお友だち（入園） ………………… 21
たのしいね（入園） …………………………… 22
あなたのおなまえは（入園） ………………… 24
おかえりのうた ………………………………… 25
おかたづけ ……………………………………… 26
おててをあらいましょう ……………………… 27
おなかのへるうた ……………………………… 28
おべんとう ……………………………………… 29
ハッピー・バースデー・トゥ・ユー ……… 30
ABCのうた ……………………………………… 31
あたま、かた、ひざ、あし …………………… 32
サンデー、マンデー、チューズデー ……… 33
おはながわらった ……………………………… 34
春の小川 ………………………………………… 35
チューリップ …………………………………… 36
ちょうちょう …………………………………… 37
めだかの学校 …………………………………… 38
アンパンマンのマーチ ………………………… 40
アンパンマンたいそう ………………………… 44
どんな色がすき ………………………………… 47

5月
ずいずいずっころばし ………………………… 50
茶摘み …………………………………………… 52
こいのぼり ……………………………………… 53
ぶんぶんぶん …………………………………… 54
おかあさん ……………………………………… 55
肩たたき ………………………………………… 56
すいかの名産地 ………………………………… 58
アルプス一万尺 ………………………………… 59
ピクニック ……………………………………… 60
やまびこごっこ ………………………………… 62
さんぽ …………………………………………… 64
あおいそらにえをかこう ……………………… 66
パプリカ ………………………………………… 68

6月
はをみがきましょう …………………………… 72
とけいのうた …………………………………… 73
大きな古時計 …………………………………… 74
おはなしゆびさん ……………………………… 76
ことりのうた …………………………………… 77
雨ふり …………………………………………… 78
あめふりくまのこ ……………………………… 80
かたつむり ……………………………………… 82
かえるの合唱 …………………………………… 83
むすんでひらいて ……………………………… 84
はと ……………………………………………… 85

7月
たなばたさま …………………………………… 86
きらきらぼし …………………………………… 87
うみ ……………………………………………… 88
ほたるこい ……………………………………… 89
かもめの水兵さん ……………………………… 90
しゃぼんだま …………………………………… 91
にじのむこうに ………………………………… 92
おうま …………………………………………… 95
おんまはみんな ………………………………… 96
うたえバンバン ………………………………… 98
ヤッホッホ！夏休み ………………………… 100

8月
ありさんのおはなし ………………………… 102
おつかいありさん …………………………… 103
アイスクリームの唄 ………………………… 104
オバケなんてないさ ………………………… 106
南の島のハメハメハ大王 …………………… 108
とんでったバナナ …………………………… 110
とんぼのめがね ……………………………… 113
線路はつづくよどこまでも ………………… 114
アイ・アイ …………………………………… 116
手のひらを太陽に …………………………… 118
とんとんとんとんひげじいさん …………… 120

9月
虫のこえ ……………………………………… 121
うさぎ ………………………………………… 122
証城寺のたぬきばやし ……………………… 123
月 ……………………………………………… 124
大きな栗の木の下で ………………………… 125
犬のおまわりさん …………………………… 126

げんこつやまのたぬきさん …………… 128
コブタヌキツネコ ……………………… 129
ホ！ホ！ホ！ …………………………… 130
にじ ………………………………………… 132
ともだち賛歌 ……………………………… 134

10月
夕焼け小焼け ……………………………… 136
七つの子 …………………………………… 137
にんげんっていいな ……………………… 138
ドラえもん ………………………………… 140
ドラえもんのうた ………………………… 144
夢をかなえてドラえもん ………………… 146
うさぎのダンス …………………………… 150
勇気100％ ………………………………… 151
カレーライスのうた ……………………… 154
やぎさんゆうびん ………………………… 155
いっぽんといっぽんで …………………… 156
くつがなる ………………………………… 157
幸せなら手をたたこう …………………… 158

11月
きのこ ……………………………………… 160
どんぐりころころ ………………………… 162
紅葉 ………………………………………… 163
まっかな秋 ………………………………… 164
ドコノコノキノコ ………………………… 166
たき火 ……………………………………… 169
ぞうさん …………………………………… 170
バスごっこ ………………………………… 171
山のワルツ ………………………………… 172
グーチョキパーでなにつくろう ………… 173
マーチング・マーチ ……………………… 174
ドロップスのうた ………………………… 176

12月
やきいもグーチーパー …………………… 178
いとまき …………………………………… 179
おめでとうクリスマス …………………… 180
きよしこの夜 ……………………………… 181
赤鼻のトナカイ …………………………… 182
ジングルベル ……………………………… 184
ひいらぎかざろう ………………………… 186
あわてん坊のサンタクロース …………… 187
山の音楽家 ………………………………… 190
すうじの歌 ………………………………… 192
ペンギンちゃん …………………………… 194
お正月 ……………………………………… 195

1月
たこの歌 …………………………………… 196
ゆき ………………………………………… 197
こんこんクシャンのうた ………………… 198
ごんべさんのあかちゃん ………………… 200
小ぎつね …………………………………… 201
ゆきってながぐつすきだって …………… 202
チェッチェッコリ ………………………… 204
手をたたきましょう ……………………… 205
そうだったらいいのにな ………………… 206
パンダうさぎコアラ ……………………… 208
わらいごえっていいな …………………… 210

2月
おにのパンツ ……………………………… 212
豆まき ……………………………………… 214
おおさむこさむ …………………………… 215
北風小僧の寒太郎 ………………………… 216
ゆげのあさ ………………………………… 218
のねずみ …………………………………… 219
おもちゃのマーチ ………………………… 220
ドレミの歌 ………………………………… 221
クラリネットをこわしちゃった ………… 224
ぼくのミックスジュース ………………… 226
ミッキーマウス・マーチ ………………… 228
ハッピーチルドレン ……………………… 230
おもちゃのチャチャチャ ………………… 232
となりのトトロ …………………………… 234
ふしぎなポケット ………………………… 237

3月
うれしいひなまつり ……………………… 238
春がきた …………………………………… 240
さくらさくら ……………………………… 241
森のくまさん ……………………………… 242
かわいいかくれんぼ ……………………… 244
思い出のアルバム（卒園）……………… 245
ありがとう・さようなら（卒園）……… 248
一年生になったら（卒園）……………… 250
きみとぼくのラララ（卒園）…………… 252
さよならマーチ（卒園）………………… 254
世界中のこどもたちが（卒園）………… 256
はじめの一歩（卒園）…………………… 258
ビリーブ（卒園）………………………… 260
みんなともだち（卒園）………………… 263
さよならぼくたちのほいくえん（卒園）… 266

●楽しく歌える伴奏のポイント　応用編 …………… 268

3

 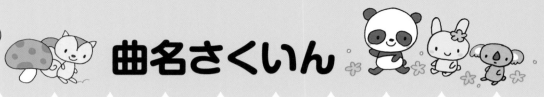 曲名さくいん

あ

アイ・アイ 116
アイスクリームの唄 104
あおいそらにえをかこう 66
赤鼻のトナカイ 182
あくしゅでこんにちは 20
あたま、かた、ひざ、あし 32
あなたのおなまえは 24
雨ふり 78
あめふりくまのこ 80
ありがとう・さようなら 248
ありさんのおはなし 102
アルプス一万尺 59
あわてん坊のサンタクロース 187
アンパンマンたいそう 44
アンパンマンのマーチ 40

い

一年生になったら 250
いっぽんといっぽんで 156
いとまき 179
犬のおまわりさん 126

う

うさぎ 122
うさぎのダンス 150
うたえバンバン 98
うみ 88
うれしいひなまつり 238

え

ABCのうた 31

お

おうま 95
大きな栗の木の下で 125
大きな古時計 74
おおさむこさむ 215

おかあさん 55
おかえりのうた 25
おかたづけ 26
お正月 195
おつかいありさん 103
おててをあらいましょう 27
おなかのへるうた 28
おにのパンツ 212
オバケなんてないさ 106
おはながわらった 34
おはなしゆびさん 76
おべんとう 29
おめでとうクリスマス 180
思い出のアルバム 245
おもちゃのチャチャチャ 232
おもちゃのマーチ 220
おんまはみんな 96

か

かえるの合唱 83
肩たたき 56
かたつむり 82
かもめの水兵さん 90
カレーライスのうた 154
かわいいかくれんぼ 244

き

北風小僧の寒太郎 216
きのこ 160
きみとぼくのラララ 252
きよしこの夜 181
きらきらぼし 87

く

グーチョキパーでなにつくろう 173
くつがなる 157
クラリネットをこわしちゃった 224

け

げんこつやまのたぬきさん 128

こ

こいのぼり 53
小ぎつね 201
ことりのうた 77
コブタヌキツネコ 129
こんこんクシャンのうた 198
ごんべさんのあかちゃん 200

さ

さくらさくら 241
さよならぼくたちのほいくえん 266
さよならマーチ 254
サンデー、マンデー、チューズデー 33
さんぽ 64

し

幸せなら手をたたこう 158
しゃぼんだま 91
証城寺のたぬきばやし 123
ジングルベル 184

す

すいかの名産地 58
ずいずいずっころばし 50
すうじの歌 192

せ

世界中のこどもたちが 256
せんせいとお友だち 21
線路はつづくよどこまでも 114

そ

ぞうさん 170
そうだったらいいのにな 206

4

た

たき火 ······ 169
たこの歌 ······ 196
たなばたさま ······ 86
たのしいね ······ 22

ち

チェッチェッコリ ······ 204
茶摘み ······ 52
チューリップ ······ 36
ちょうちょう ······ 37

つ

月 ······ 124

て

手のひらを太陽に ······ 118
手をたたきましょう ······ 205

と

とけいのうた ······ 73
ドコノコノキノコ ······ 166
となりのトトロ ······ 234
ともだち賛歌 ······ 134
ドラえもん ······ 140
ドラえもんのうた ······ 144
ドレミの歌 ······ 221
ドロップスのうた ······ 176
どんぐりころころ ······ 162
とんでったバナナ ······ 110
とんとんとんとんひげじいさん ······ 120
どんな色がすき ······ 47
とんぼのめがね ······ 113

な

七つの子 ······ 137

に

にじ ······ 132
にじのむこうに ······ 92
にんげんっていいな ······ 138

の

のねずみ ······ 219

は

はじめの一歩 ······ 258
バスごっこ ······ 171
ハッピーチルドレン ······ 230
ハッピー・バースデー・トゥ・ユー ······ 30
はと ······ 85
パプリカ ······ 68
春がきた ······ 240
春の小川 ······ 35
はをみがきましょう ······ 72
パンダうさぎコアラ ······ 208

ひ

ひいらぎかざろう ······ 186
ピクニック ······ 60
ビリーブ ······ 260

ふ

ふしぎなポケット ······ 237
ぶんぶんぶん ······ 54

へ

ペンギンちゃん ······ 194

ほ

ぼくのミックスジュース ······ 226
ほたるこい ······ 89
ホ！ホ！ホ！ ······ 130

ま

マーチング・マーチ ······ 174
まっかな秋 ······ 164
豆まき ······ 214

み

ミッキーマウス・マーチ ······ 228
南の島のハメハメハ大王 ······ 108
みんなともだち ······ 263

む

虫のこえ ······ 121
むすんでひらいて ······ 84

め

めだかの学校 ······ 38

も

紅葉 ······ 163
森のくまさん ······ 242

や

やきいもグーチーパー ······ 178
やぎさんゆうびん ······ 155
ヤッホッホ！　夏休み ······ 100
山の音楽家 ······ 190
山のワルツ ······ 172
やまびこごっこ ······ 62

ゆ

勇気100％ ······ 151
夕焼け小焼け ······ 136
ゆき ······ 197
ゆきってながぐつすきだって ······ 202
ゆげのあさ ······ 218
夢をかなえてドラえもん ······ 146

わ

わらいごえっていいな ······ 210

英語

Happy Birthday to You ······ 30
Alphabet Song ······ 31
Head, Shoulders, Knees and Toes ······ 32
Sunday, Monday, Tuesday ······ 33
Twinkle Twinkle Little Star ······ 87
We Wish You a Merry Christmas ······ 180

歌い出しさくいん

あ

アイアイ　アイアイ「アイ・アイ」 …………………… 116
あおいそらに　えをかこう「あおいそらにえをかこう」 …… 66
あかりをつけましょ　ぼんぼりに「うれしいひなまつり」 …… 238
あかるいそら　ヤヤヤー「さよならマーチ」 …………… 254
あきのゆうひに　てるやまもみじ「紅葉」 ……………… 163
あたま　かた　ひざ　あし「あたま、かた、ひざ、あし」 …… 32
あなたのおなまえは「あなたのおなまえは」 …………… 24
あめあめふれふれ　かあさんが「雨ふり」 …………… 78
あめがあがったよ　おひさまがでてきたよ「にじのむこうに」 … 92
ありがとう　さようなら　ともだち「ありがとう・さようなら」 … 248
ありさんのおはなし　きいたかね「ありさんのおはなし」 … 102
あるこう　あるこう　わたしはげんき「さんぽ」 ……… 64
あるひ　もりのなか「森のくまさん」 ………………… 242
アルプスいちまんじゃく　こやりのうえで「アルプス一万尺」 … 59
あれまつむしが　ないている「虫のこえ」 …………… 121
あわてんぼうの　サンタクロース「あわてん坊のサンタクロース」 … 187
あんまりいそいで　こっつんこ「おつかいありさん」 … 103

い

いちねんせいになったら「一年生になったら」 ……… 250
いつのことだか　おもいだしてごらん「思い出のアルバム」 … 245
いっぴきの　のねずみが「のねずみ」 ………………… 219
いっぽんといっぽんで　おやまになって「いっぽんといっぽんで」 … 156
いとまきまき　いとまきまき「いとまき」 …………… 179

う

ウイ　ウイッシュ　ユー　ア　メリー　クリスマス「おめでとうクリスマス」 … 180
うさぎうさぎ　なにみてはねる「うさぎ」 …………… 122
うみは　ひろいな　おおきいな「うみ」 ……………… 88

え

エー　ビー　シー　ディー「ABCのうた」 …………… 31

お

おいでおいでおいでおいで　パンダ「パンダうさぎコアラ」 … 208
おうまのおやこは　なかよしこよし「おうま」 ……… 95
おおがたバスに　のってます「バスごっこ」 ………… 171
おおきなくりの　きのしたで「大きな栗の木の下で」 … 125
おおきなのっぽの　ふるどけい「大きな古時計」 …… 74
おおさむこさむ　やまからこぞうが「おおさむこさむ」 … 215
おかあさん　なあに「おかあさん」 …………………… 55
おかたづけ　おかたづけ「おかたづけ」 ……………… 26
おかをこえいこうよ　くちぶえふきつつ「ピクニック」 … 60
おててつないで　のみちをゆけば「くつがなる」 …… 157
おててをあらいましょう「おててをあらいましょう」 … 27
おとぎばなしの　おうじでも「アイスクリームの唄」 … 104
おにのパンツは　いいパンツ「おにのパンツ」 ……… 212
おにはそと　ふくはうち「豆まき」 …………………… 214
オバケなんてないさ「オバケなんてないさ」 ………… 106
おはながわらった「おはながわらった」 ……………… 34
おはよう　おはよう　ゆげがでる「ゆげのあさ」 …… 218
おはようさんの　おおごえと「ぼくのミックスジュース」 … 226
おべんとおべんと　うれしいな「おべんとう」 ……… 29
おもちゃのチャチャチャ「おもちゃのチャチャチャ」 … 232
おやまにあめがふりました「あめふりくまのこ」 …… 80

おんまはみんな　ぱっぱかはしる「おんまはみんな」 … 96

か

かあさん　おかたをたたきましょう「肩たたき」 …… 56
かえるのうたが　きこえてくるよ「かえるの合唱」 … 83
かきねのかきねの　まがりかど「たき火」 …………… 169
がっかりして　めそめそして　どうしたんだい「勇気100%」 … 151
かもめのすいへいさん「かもめの水兵さん」 ………… 90
からすなぜなくの　からすはやまに「七つの子」 …… 137

き

き　き　きのこ　き　き　きのこ「きのこ」 ………… 160
きたかぜこぞうのかんたろう「北風小僧の寒太郎」 … 216
きょうもたのしく　すみました「おかえりのうた」 … 25
きよしこのよる　ほしはひかり「きよしこの夜」 …… 181
きらきらひかる　おそらのほしよ「きらきらぼし」 … 87

く

グーチョキパーで　グーチョキパーで「グーチョキパーでなにつくろう」 … 173
くちをおおきく　あけまして「うたえバンバン」 …… 98
くまのこみていた　かくれんぼ「にんげんっていいな」 … 138

け

げんこつやまのたぬきさん「げんこつやまのたぬきさん」 … 128

こ

こぎつねこんこん　やまのなか「小ぎつね」 ………… 201
こころのなか　いつもいつもえがいてる「夢をかなえてドラえもん」 … 146
コチコチカッチン　おとけいさん「とけいのうた」 … 73
ことりはとっても　うたがすき「ことりのうた」 …… 77
このゆびパパ　ふとっちょパパ「おはなしゆびさん」 … 76
こぶた　たぬき　きつね　ねこ「コブタヌキツネコ」 … 129
こんなこといいな　できたらいいな「ドラえもんのうた」 … 144
こんにちは　なつやすみ「ヤッホッホ！夏休み」 …… 100
ごんべさんのあかちゃんが　かぜひいた「ごんべさんのあかちゃん」 … 200

さ

さいたさいた　チューリップのはなが「チューリップ」 … 36
さくらさくら　やよいのそらは「さくらさくら」 …… 241
ささのは　さらさら「たなばたさま」 ………………… 86
さよならなんて　いわなくてもいいよね「きみとぼくのラララ」 … 252
サンデー　マンデー　チューズデー「サンデー、マンデー、チューズデー」 … 33

し

しあわせなら　てをたたこう「幸せなら手をたたこう」 … 158
しゃぼんだま　とんだ「しゃぼんだま」 ……………… 91
しょ　しょ　しょうじょうじ「証城寺のたぬきばやし」 … 123
しろやぎさんから　おてがみついた「やぎさんゆうびん」 … 155

す

ずいずいずっころばし　ごまみそずい「ずいずいずっころばし」 … 50
すうじのいちは　なーに「すうじの歌」 ……………… 192
すこしだけ　ふしぎな「ドラえもん」 ………………… 140
すてきなやまの　ようちえん「山のワルツ」 ………… 172

せ

せかいじゅうの　こどもたちが「世界中のこどもたちが」……………… 256
せんせいと　おともだち「せんせいとお友だち」…………… 21
せんろはつづくよ　どこまでも「線路はつづくよどこまでも」…………… 114

そ

ぞうさんぞうさん　おはながながいのね「ぞうさん」…………… 170
そうだ　うれしいんだ　いきるよろこび「アンパンマンのマーチ」…… 40
そうだったらいいのにな「そうだったらいいのにな」…………… 206
ソソラソラソラ　うさぎのダンス「うさぎのダンス」…………… 150
それはふしぎな　まほうのちから「ハッピーチルドレン」…………… 230

た

たくさんのまいにちを「さよならぼくたちのほいくえん」…………… 266
たこたこあがれ　かぜよくうけて「たこの歌」…………… 196
たとえばきみが　きずついて「ビリーブ」…………… 260
たのしいね　りょうてをあわすと「たのしいね」…………… 22
たのしいメロディー　わすれたときは「ホ！ホ！ホ！」…………… 130

ち

ちいさなとりが　うたっているよ「はじめの一歩」…………… 258
チェッチェッコリ　チェッコリサ「チェッチェッコリ」…………… 204
ちょうちょう　ちょうちょう　なのはにとまれ「ちょうちょう」…………… 37

て

てくてくてくてく　あるいてきて「あくしゅでこんにちは」…………… 20
でたでた　つきが　まるいまるい「月」…………… 124
てをたたきましょう　タンタンタン「手をたたきましょう」…………… 205
でんでんむしむし　かたつむり「かたつむり」…………… 82

と

トゥインクル　トゥインクル　リトル　スター「きらきらぼし」………… 87
どうしておなかが　へるのかな「おなかのへるうた」…………… 28
ドコノコノキノコ　コノキノコドコノ「ドコノコノキノコ」…………… 166
トトロトトロ　トトロトトロ「となりのトトロ」…………… 234
ドはドーナツのド　レはレモンのレ「ドレミの歌」…………… 221
ともだちができた　すいかのめいさんち「すいかの名産地」…………… 58
どんぐりころころ　どんぶりこ「どんぐりころころ」…………… 162
とんとんとんとんひげじいさん「とんとんとんとんひげじいさん」……… 120
どんないろがすき「どんな色がすき」…………… 47
とんぼのめがねは　みずいろめがね「とんぼのめがね」…………… 113

な

なつもちかづく　はちじゅうはちや「茶摘み」…………… 52

に

にわのシャベルが　いちにちぬれて「にじ」…………… 132
にんじん　たまねぎ　じゃがいも「カレーライスのうた」…………… 154

は

はしれそりよ　かぜのように「ジングルベル」…………… 184
ハッピー　バースデー　トゥ　ユー「ハッピー・バースデー・トゥ・ユー」…… 30
バナナがいっぽん　ありました「とんでったバナナ」…………… 110
はるがきた　はるがきた　どこにきた「春がきた」…………… 240
はるのおがわは　さらさらいくよ「春の小川」…………… 35
はをみがきましょう「はをみがきましょう」…………… 72

ひ

ひいらぎかざろう　ファラララララ　ラララ「ひいらぎかざろう」…… 186
ひとりとひとりが　うでくめば「ともだち賛歌」…………… 134
ひよこがね　おにわでぴょこぴょこ「かわいいかくれんぼ」…………… 244

ふ

ぶんぶんぶん　はちがとぶ「ぶんぶんぶん」…………… 54

へ

ヘッド　ショルダーズ　ニーズ　アンド　トゥーズ「あたま、かた、ひざ、あし」…… 32
ペンギンちゃんが　おさんぽしていたら「ペンギンちゃん」…………… 194

ほ

ほう　ほう　ほたるこい「ほたるこい」…………… 89
ぼくのだいすきなクラリネット「クラリネットをこわしちゃった」…………… 224
ぼくらのクラブの　リーダーは「ミッキーマウス・マーチ」…………… 228
ぼくらはみんな　いきている「手のひらを太陽に」…………… 118
ポケットのなかには　ビスケットが「ふしぎなポケット」…………… 237
ぽっぽっぽ　はとぽっぽ「はと」…………… 85

ま

まいごのまいごの　こねこちゃん「犬のおまわりさん」…………… 126
まがりくねり　はしゃいだみち「パプリカ」…………… 68
マーチったらチッタカタァ「マーチング・マーチ」…………… 174
まっかだな　まっかだな　つたのはっぱが「まっかな秋」…………… 164
まっかなおはなの　トナカイさんは「赤鼻のトナカイ」…………… 182

み

みなみのしまのだいおうは「南の島のハメハメハ大王」…………… 108
みんなともだち　ずっとずっとともだち「みんなともだち」…………… 263

む

むかし　なきむしかみさまが「ドロップスのうた」…………… 176
むすんでひらいて　てをうってむすんで「むすんでひらいて」…………… 84

め

めだかのがっこうは　かわのなか「めだかの学校」…………… 38

も

もういくつねると　おしょうがつ「お正月」…………… 195
もし　じしんを　なくして「アンパンマンたいそう」…………… 44

や

やきいもやきいも　おなかがグー「やきいもグーチーパー」…………… 178
やっとこやっとこ　くりだした「おもちゃのマーチ」…………… 220
やねよりたかい　こいのぼり「こいのぼり」…………… 53
やまびこさん　まねっこさん「やまびこごっこ」…………… 62

ゆ

ゆうやけこやけで　ひがくれて「夕焼け小焼け」…………… 136
ゆきってながぐつすきだって「ゆきってながぐつすきだって」…………… 202
ゆきやこんこ　あられやこんこ「ゆき」…………… 197

り

りすさんが　マスクした「こんこんクシャンのうた」…………… 198

わ

わたしゃおんがくか　やまのこりす「山の音楽家」…………… 190
わらいごえっていいな　たのしそうでさ「わらいごえっていいな」…………… 210

英語

A, B, C, D,「ABCのうた」…………… 31
Happy birthday to you,「ハッピー・バースデー・トゥ・ユー」…………… 30
Head, shoulders, knees and toes,「あたま、かた、ひざ、あし」…………… 32
Sunday, Monday, Tuesday,「サンデー、マンデー、チューズデー」…………… 33
Twinkle, twinkle, little star,「きらきらぼし」…………… 87
We wish you a merry Christmas,「おめでとうクリスマス」…………… 180

ジャンルさくいん

定番 よく歌われる曲の中でも、とくに長年歌いつがれてきた童謡や唱歌などです。

ハッピー・バースデー・トゥ・ユー ……… 30
ABC のうた ……… 31
春の小川 ……… 35
チューリップ ……… 36
ちょうちょう ……… 37
めだかの学校 ……… 38
ずいずいずっころばし ……… 50
茶摘み ……… 52
こいのぼり ……… 53
ぶんぶんぶん ……… 54
肩たたき ……… 56
アルプス一万尺 ……… 59
大きな古時計 ……… 74
雨ふり ……… 78
かたつむり ……… 82
かえるの合唱 ……… 83
むすんでひらいて ……… 84
はと ……… 85
たなばたさま ……… 86
きらきらぼし ……… 87
うみ ……… 88
ほたるこい ……… 89
かもめの水兵さん ……… 90
しゃぼんだま ……… 91
おうま ……… 95
とんぼのめがね ……… 113
線路はつづくよどこまでも ……… 114
虫のこえ ……… 121
うさぎ ……… 122
証城寺のたぬきばやし ……… 123
月 ……… 124
大きな栗の木の下で ……… 125
犬のおまわりさん ……… 126
ともだち賛歌 ……… 134
夕焼け小焼け ……… 136
七つの子 ……… 137
うさぎのダンス ……… 150
くつがなる ……… 157
幸せなら手をたたこう ……… 158
どんぐりころころ ……… 162
紅葉 ……… 163
たき火 ……… 169
ぞうさん ……… 170
きよしこの夜 ……… 181
ジングルベル ……… 184
お正月 ……… 195
たこの歌 ……… 196
ゆき ……… 197
ごんべさんのあかちゃん ……… 200
小ぎつね ……… 201
おにのパンツ ……… 212
おおさむこさむ ……… 215

ドレミの歌 ……… 221
春がきた ……… 240
さくらさくら ……… 241

生活 日常の生活風景や園での活動にちなんだ曲。食べ物や風習なども含みます。

あくしゅでこんにちは ……… 20
せんせいとお友だち ……… 21
あなたのおなまえは ……… 24
おかえりのうた ……… 25
おかたづけ ……… 26
おててをあらいましょう ……… 27
おなかのへるうた ……… 28
おべんとう ……… 29
サンデー、マンデー、チューズデー ……… 33
どんな色がすき ……… 47
おかあさん ……… 55
肩たたき ……… 56
はをみがきましょう ……… 72
とけいのうた ……… 73
ヤッホッホ！夏休み ……… 100
アイスクリームの唄 ……… 104
カレーライスのうた ……… 154
バスごっこ ……… 171
ドロップスのうた ……… 176
やきいもグーチーパー ……… 178
すうじの歌 ……… 192
お正月 ……… 195
こんこんクシャンのうた ……… 198
ごんべさんのあかちゃん ……… 200
おにのパンツ ……… 212
豆まき ……… 214
ゆげのあさ ……… 218
ぼくのミックスジュース ……… 226
ふしぎなポケット ……… 237
うれしいひなまつり ……… 238

イベント 誕生日や季節の行事で歌われる曲です。

ハッピー・バースデー・トゥ・ユー ……… 30
こいのぼり ……… 53
たなばたさま ……… 86
おめでとうクリスマス ……… 180
きよしこの夜 ……… 181
赤鼻のトナカイ ……… 182
ジングルベル ……… 184
ひいらぎかざろう ……… 186
あわてん坊のサンタクロース ……… 187
お正月 ……… 195
たこの歌 ……… 196
豆まき ……… 214
うれしいひなまつり ……… 238

思い出のアルバム ……… 245
ありがとう・さようなら ……… 248
一年生になったら ……… 250
きみとぼくのラララ ……… 252
さよならマーチ ……… 254
世界中のこどもたちが ……… 256
はじめの一歩 ……… 258
ビリーブ ……… 260
みんなともだち ……… 263
さよならぼくたちのほいくえん ……… 266

遊び歌 手や体を使って遊びながら歌います。

たのしいね ……… 22
あたま、かた、ひざ、あし ……… 32
アンパンマンたいそう ……… 44
ずいずいずっころばし ……… 50
茶摘み ……… 52
アルプス一万尺 ……… 59
ピクニック ……… 60
パプリカ ……… 68
おはなしゆびさん ……… 76
むすんでひらいて ……… 84
アイ・アイ ……… 116
とんとんとんとんひげじいさん ……… 120
大きな栗の木の下で ……… 125
げんこつやまのたぬきさん ……… 128
ホ！ホ！ホ！ ……… 130
カレーライスのうた ……… 154
いっぽんといっぽんで ……… 156
幸せなら手をたたこう ……… 158
バスごっこ ……… 171
グーチョキパーでなにつくろう ……… 173
やきいもグーチーパー ……… 178
いとまき ……… 179
すうじの歌 ……… 192
ごんべさんのあかちゃん ……… 200
チェッチェッコリ ……… 204
手をたたきましょう ……… 205
パンダうさぎコアラ ……… 208
のねずみ ……… 219

言葉遊び 擬音語、擬態語をたくさん用いるなど、歌詞の言葉が特徴的な曲です。

おててをあらいましょう ……… 27
やまびこごっこ ……… 62
とけいのうた ……… 73
おはなしゆびさん ……… 76
ことりのうた ……… 77
かえるの合唱 ……… 83
おんまはみんな ……… 96
アイスクリームの唄 ……… 104

南の島のハメハメハ大王 ……… 108
とんでったバナナ ……… 110
虫のこえ ……… 121
証城寺のたぬきばやし ……… 123
犬のおまわりさん ……… 126
コブタヌキツネコ ……… 129
ホ！ホ！ホ！ ……… 130
うさぎのダンス ……… 150
カレーライスのうた ……… 154
きのこ ……… 160
ドコノコノキノコ ……… 166
山のワルツ ……… 172
マーチング・マーチ ……… 174
ドロップスのうた ……… 176
あわてん坊のサンタクロース ……… 187
山の音楽家 ……… 190
ゆきってながぐつすきだって ……… 202
そうだったらいいのにな ……… 206
わらいごえっていいな ……… 210
北風小僧の寒太郎 ……… 216
ゆげのあさ ……… 218
おもちゃのマーチ ……… 220
ドレミの歌 ……… 221
クラリネットをこわしちゃった ……… 224
おもちゃのチャチャチャ ……… 232
森のくまさん ……… 242

アニメ アニメの主題曲です。

アンパンマンのマーチ ……… 40
アンパンマンたいそう ……… 44
さんぽ ……… 64
にんげんっていいな ……… 138
ドラえもん ……… 140
ドラえもんのうた ……… 144
夢をかなえてドラえもん ……… 146
勇気100% ……… 151
ミッキーマウス・マーチ ……… 228
となりのトトロ ……… 234

友だち 友だちや仲間への思いを歌っている曲です。

あくしゅでこんにちは ……… 20
せんせいとお友だち ……… 21
たのしいね ……… 22
あなたのおなまえは ……… 24
おかえりのうた ……… 25
おかたづけ ……… 26
アンパンマンのマーチ ……… 40
すいかの名産地 ……… 58
さんぽ ……… 64
にじのむこうに ……… 92
うたえバンバン ……… 98
ヤッホッホ！夏休み ……… 100
オバケなんてないさ ……… 106
手のひらを太陽に ……… 118
大きな栗の木の下で ……… 125
にじ ……… 132
ともだち賛歌 ……… 134

夕焼け小焼け ……… 136
ドラえもん ……… 140
夢をかなえてドラえもん ……… 146
勇気100% ……… 151
くつがなる ……… 157
まっかな秋 ……… 164
ぼくのミックスジュース ……… 226
ハッピーチルドレン ……… 230
思い出のアルバム ……… 245
ありがとう・さようなら ……… 248
一年生になったら ……… 250
きみとぼくのラララ ……… 252
さよならマーチ ……… 254
世界中のこどもたちが ……… 256
はじめの一歩 ……… 258
ビリーブ ……… 260
みんなともだち ……… 263
さよならぼくたちのほいくえん ……… 266

自然 自然現象や天候、四季の風物にかかわる曲です。

おはながわらった ……… 34
春の小川 ……… 35
チューリップ ……… 36
ちょうちょう ……… 37
めだかの学校 ……… 38
茶摘み ……… 52
ぶんぶんぶん ……… 54
アルプス一万尺 ……… 59
やまびこごっこ ……… 62
さんぽ ……… 64
あおいそらにえをかこう ……… 66
パプリカ ……… 68
雨ふり ……… 78
あめふりくまのこ ……… 80
きらきらぼし ……… 87
うみ ……… 88
にじのむこうに ……… 92
南の島のハメハメハ大王 ……… 108
とんぼのめがね ……… 113
月 ……… 124
にじ ……… 132
夕焼け小焼け ……… 136
きのこ ……… 160
紅葉 ……… 163
まっかな秋 ……… 164
たき火 ……… 169
山のワルツ ……… 172
ゆき ……… 197
ゆきってながぐつすきだって ……… 202
おおさむこさむ ……… 215
北風小僧の寒太郎 ……… 216
ゆげのあさ ……… 218
春がきた ……… 240
さくらさくら ……… 241

動物 歌詞にさまざまな動物が登場する曲です。

ちょうちょう ……… 37

めだかの学校 ……… 38
ずいずいずっころばし ……… 50
ぶんぶんぶん ……… 54
ピクニック ……… 60
さんぽ ……… 64
ことりのうた ……… 77
あめふりくまのこ ……… 80
かたつむり ……… 82
かえるの合唱 ……… 83
はと ……… 85
ほたるこい ……… 89
かもめの水兵さん ……… 90
おうま ……… 95
おんまはみんな ……… 96
ありさんのおはなし ……… 102
おつかいありさん ……… 103
とんでったバナナ ……… 110
とんぼのめがね ……… 113
アイ・アイ ……… 116
手のひらを太陽に ……… 118
虫のこえ ……… 121
うさぎ ……… 122
証城寺のたぬきばやし ……… 123
犬のおまわりさん ……… 126
げんこつやまのたぬきさん ……… 128
コブタヌキツネコ ……… 129
七つの子 ……… 137
にんげんっていいな ……… 138
うさぎのダンス ……… 150
やぎさんゆうびん ……… 155
いっぽんといっぽんで ……… 156
くつがなる ……… 157
どんぐりころころ ……… 162
ぞうさん ……… 170
山のワルツ ……… 172
グーチョキパーでなにつくろう ……… 173
マーチング・マーチ ……… 174
赤鼻のトナカイ ……… 182
山の音楽家 ……… 190
ペンギンちゃん ……… 194
ゆき ……… 197
こんこんクシャンのうた ……… 198
小ぎつね ……… 201
そうだったらいいのにな ……… 206
パンダうさぎコアラ ……… 208
わらいごえっていいな ……… 210
のねずみ ……… 219
ミッキーマウス・マーチ ……… 228
おもちゃのチャチャチャ ……… 232
森のくまさん ……… 242
かわいいかくれんぼ ……… 244

英語 英語の歌詞の曲です。

Happy Birthday to You ……… 30
Alphabet Song ……… 31
Head, Shoulders, Knees and Toes ……… 32
Sunday, Monday, Tuesday ……… 33
Twinkle Twinkle Little Star ……… 87
We Wish You a Merry Christmas ……… 180

9

本書の 見かたと特長

原曲の雰囲気を生かしながら初心者にも楽しく弾けるやさしいアレンジ

生活ソング、遊び歌、行事の歌など、さまざまなシーンの定番曲・人気曲を現場のニーズに合わせて156曲を厳選

季節の行事や毎月のお楽しみ会に合わせて選曲しやすいように、4月から12か月順に紹介

弾き始めの指の位置を示す鍵盤図をすべての曲に掲載

すべての音符にドレミのふりがなつき

全曲コードネームつき

子どもの声域に合わせて、歌いやすく弾きやすい調でアレンジ

♪ ピアノの鍵盤と音名

中央のド

曲のテーマや内容が**ジャンルアイコン**で一目でわかる

全曲に上手に弾くための**ワンポイントアドバイス**つき

ポジション移動が少なく、自然な動きで弾ける**指番号**を採用

歌詞を5行以上併記しないようにアレンジしているので、**音符と歌詞を一目で把握**できる

音の少ないシンプルな譜面でも**聴きごたえのある響き**

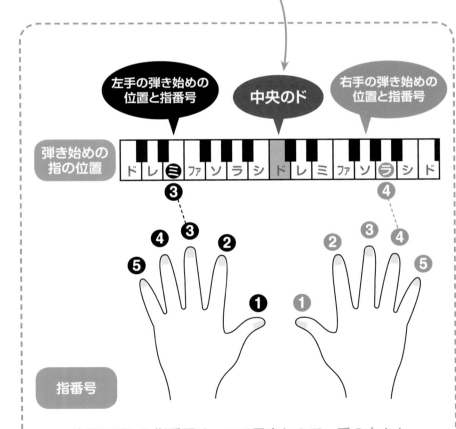

指番号

楽譜に記した指番号は一つの目安なので、手の大きさなどによって自分が弾きやすい指使いを考案してもよいでしょう。

楽しく歌える 伴奏のポイント

♪ テンポ

本書では、各曲の速度をメトロノーム記号で表しています。たとえば、♩＝60とある場合、4分音符を1分間に60回打つ速度、つまり1拍1秒という意味です。数字が大きければ速い曲、小さければ遅い曲となります。メトロノーム記号は、あくまでも速度の目安です。子どもの年齢や能力を考慮してテンポを決めましょう。

> 最近はスマートフォンなどでメトロノームのアプリを入手できます。デジタル・メトロノームも持ち運びに便利です。

●速い曲

1分間に♩を120回打つ速度

♩＝120

P29「おべんとう」より

お　べんと　お　べ　んと　う　れしい　な

Point

ワクワク感を出すために、軽快な音でスタッカートぎみに弾きましょう。

●遅い曲

1分間に♩を72回打つ速度

♩＝72

P91「しゃぼんだま」より

しゃぼん　だ　ま　と　ん　だ　や　ね　ま　で　と　ん　だ

Point

ゆったりした曲を弾くときは、ていねいな音を心がけてレガートで弾きましょう。

♪ 拍子の種類

拍子は、強拍（重い拍）と弱拍（軽い拍）の組み合わせでできています。体のなかで、いつも拍を感じられるようにしましょう。弾き始める前にメロディーを頭の中で歌ってテンポを確認したら、1小節分の拍を心の中で数えてスタートします。演奏中も常に拍を意識すると、テンポが一定になり、歌いやすい伴奏になります。

●2拍子

強拍（重い拍）　　弱拍（軽い拍）

♩＝100

P201「小ぎつね」より

こ　ぎ　つ　ね　こん　こん　や　ま　の　な　か

1　2　1　2　1　2　1　2

Point

拍の重さを変えると音楽も変わります。「小ぎつね」は軽やかな曲なので、ほんの少し「重・軽」を強調します。

● 3拍子

P172「山のワルツ」より

Point

基本は「重・軽・軽」ですが、楽しいワルツなので1拍目が重くなりすぎないように気をつけましょう。

● 4拍子

中強拍（少しだけ重い拍）

P120「とんとんとんとんひげじいさん」より

Point

「とんとんとんとん」をどのように歌いたいか考えて、それをピアノで表現してみましょう。

● 8分の6拍子

3拍をひとまとまりに

P245「思い出のアルバム」より

Point

8分の6拍子は6拍ありますが、実は2拍子の仲間。3拍をひとまとまりに、なめらかに弾きましょう。ゆりかごが揺れるような感じです。

♪ アウフタクト

すべての曲が1拍目から始まるとは限りません。1拍目以外から始まることをアウフタクトといいます。その曲が何拍目から始まるのか、演奏の前に確認することが大切です。また、アウフタクトの曲は、歌い出しも1拍目以外のことが多いので、「さん、はい！」などの声がけを行い、フライングしたり遅れないように誘導しましょう。

Point

弾き始めは「1、2」と心の中で数えて3拍目から入ります。次の小節へは、小節線で途切れることなくジャンプするように思い切って弾きましょう。

P30「ハッピー・バースデー・トゥ・ユー」より

3拍子の3拍目からスタート　　フレーズの切れ目

思い切ってジャンプ！

心の中で数えましょう

さん、はい！

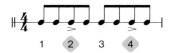 **ポピュラーのリズム**

子どもは、ポピュラーのノリのいいリズムが大好きです。ビートをきかせた伴奏で、子どもたちの歌を盛り上げましょう。

●8ビートのリズム

8ビートは、ポピュラー音楽で最も基本的なリズムです。8分音符が基本となり、2拍目と4拍目が強調されます。

8ビートの曲をピアノで伴奏するとき、下記のような左手のリズムパターンをよく使います。

P92「にじのむこうに」より

あめがあがったよ　おひさまがでてきたよ

Point

2拍目に伴奏の音がないので、リズムがあいまいになりがちです。2拍目と4拍目を意識して弾きましょう。左足で拍のカウントを取り続けてもよいでしょう。

●♫ = ♩♪ のリズム

冒頭の ♫ = ♩♪ は、♫ を ♩♪（♫）という三連符のリズムで演奏するという指示です。

楽譜の書きかた

P106「オバケなんてないさ」より

オバケなんてないさ　オバケなんてうそさ

実際のリズム

オバケなんてなーいさ　オバケなんてうーそさ
タタタタタータタタタター　タタタタタータタタタター

Point

「にじ」（→ P132）では、「タータタータ」と揺れる三連符、「幸せなら手をたたこう」（→ P158）では「タッカタッカ」とはねる三連符。いずれも伴奏する際は、しっかりと三連符を感じるようにしましょう。

♪ いろいろな強弱記号

演奏する前に全体の強弱の流れを確かめておきましょう。クレッシェンドやデクレッシェンドなど、音量を少しずつ変えるときは、何小節間でどのくらいの音量にしていくのか、考えながら弾きましょう。

P121「虫のこえ」より

おもな強弱記号

弱い			
	pp	ピアニッシモ	とても弱く
↑	*p*	ピアノ	弱く
↕	*mp*	メゾピアノ	やや弱く
↓	*mf*	メゾフォルテ	やや強く
	f	フォルテ	強く
強い	*ff*	フォルティッシモ	とても強く

cresc.	クレッシェンド	だんだん強く
decresc. / *dim.*	デクレッシェンド / ディミヌエンド	だんだん弱く

♪ いろいろな奏法記号

楽譜には、いろいろな奏法記号が記されています。記号の意味を覚えて実際にその
ように弾いてみると、音楽に表情が加わって、子どもたちが歌いやすい伴奏ができ
るでしょう。

スタッカート
音を短く切って弾きます。指を立てて、鍵盤からすばやく跳ね上げましょう。

アクセント
その音を強調します。打鍵のスピードを速く、鍵盤の底まで深くしっかり弾きます。

スラー
音と音をつなげてレガート（なめらかに）弾きます。手首をやわらかく、スラーの最後の音は強くしないように注意します。

P238 「うれしいひなまつり」より

テヌート
音の長さを保ちます。指に体重をかける感じで、重めに弾きましょう。

P198 「こんこんクシャンのうた」より

コン　コン　コン　コン　クシャン

フェルマータ
音を十分のばします。いったん立ち止まるようなイメージです。ブレスをしてから、次の歌い出しへ。フェルマータの前と同じ速さで続けましょう。

P84 「むすんでひらいて」より

そ　の　て　を　う　え　に　む　す　ん　で

前打音

斜線の入った小さな音符は、次の音にひっかけるように、軽くすばやく弾きます。始めは2音を同時に弾いて練習してみましょう。

弾きかた

P122「うさぎ」より

前打音の応用例 スタッカートの音に前打音をつけると、軽やかでかわいらしい感じになります。

P77「ことりのうた」より

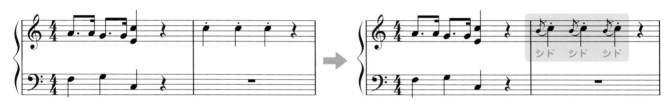

アルペジオ（分散和音）

和音の各音をずらして弾きます。1音1音を弾き終わったあと、指を鍵盤から離さず、全部の音が混じりあった響きをよく聴きましょう。

弾きかた

P216「北風小僧の寒太郎」より

アルペジオの応用例 和音をアルペジオで弾くと箏のような響きがします。

P241「さくらさくら」より

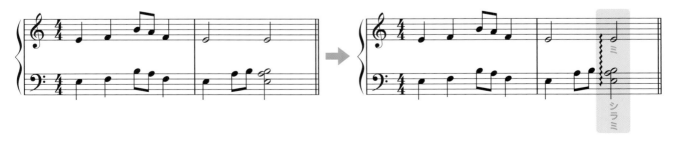

♪リピート記号・省略記号

楽譜のある部分をくり返すとき、リピート記号を用います。同じ楽譜を2度書かなくて済むほか、全体の構成が一目で把握できるので、譜読みも練習もラクになります。
譜例では、Ⓐ Ⓑ Ⓒ Ⓓ Ⓑ Ⓒ Ⓔ Ⓒ Ⓕ の順に弾きます。

P138「にんげんっていいな」より

‖: :‖ではさんだ部分をくり返します。

D.S.(ダルセーニョ) から 𝄋(セーニョ)に 戻ります。

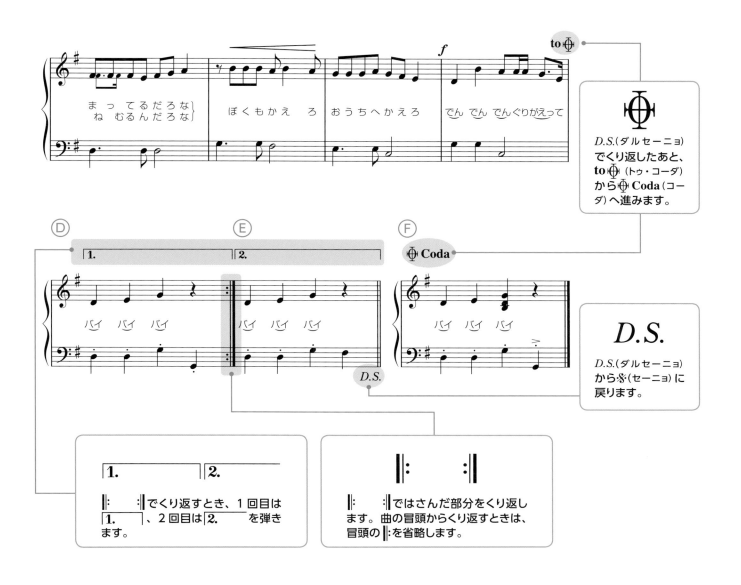

to ⊕

⊕
D.S.(ダルセーニョ)
でくり返したあと、
to ⊕（トゥ・コーダ）
から **⊕ Coda**（コー
ダ）へ進みます。

Ⓓ　　　Ⓔ　　　Ⓕ

1.　　　**2.**

⊕ Coda

D.S.

D.S.
D.S.(ダルセーニョ)
から 𝄋（セーニョ）に
戻ります。

||: 1. :|| 2. ||
||: :|| でくり返すとき、1回目は
1. 、2回目は 2. を弾き
ます。

||: :||
||: :|| ではさんだ部分をくり返し
ます。曲の冒頭からくり返すときは、
冒頭の ||: を省略します。

その他の記号

D.C.　Fine

D.C.（ダ・カーポ）で曲の始めに戻り、Fine（フィーネ）で終わります。

Ⓐ　Ⓑ　Ⓒ　Ⓓ　Ⓔ
　　　　Fine　　D.C.

ⒶⒷⒸⒹⒺⒶⒷⒸの順に弾きます。

あくしゅでこんにちは

作詞：まど・みちお　作曲：渡辺茂　編曲：有泉久美子

生活　友だち

弾き始めの指の位置

ポイント 歌詞の1番は歩くように元気よく、2番はお話しするようにやさしく、など違いをつけて演奏しましょう。イントロとエンディングに指くぐりがあります。くぐらせる1の指の音符に印をつけるとよいでしょう。

せんせいとお友だち

作詞：吉岡治　作曲：越部信義　編曲：北原敦子

弾き始めの指の位置

ポイント：入園や進級後、最初に歌う歌です。左手の和音変化やスタッカートに気をつけ、明るく笑顔で弾けるように練習しておきましょう。先生と子どもたちが一緒に歌いながら、だんだんなかよくなれるといいですね。

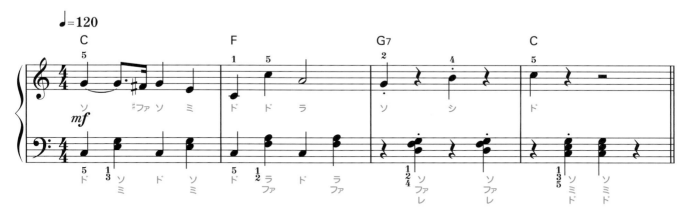

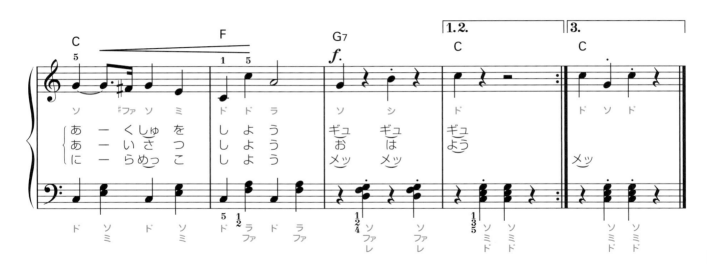

たのしいね

作詞：山内佳鶴子　作曲：寺島尚彦　編曲：有泉久美子

遊び歌　友だち

弾き始めの指の位置

ポイント：左手の伴奏は歯切れよく、正確なリズムを刻みましょう。合いの手の〈手拍子〉は ♫ ♩ のリズムでたたきます。歌詞の2番の（ラララン）は、左手の音のようにハモってみるのも楽しいです。

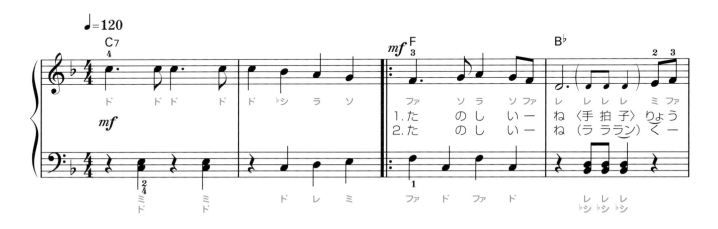

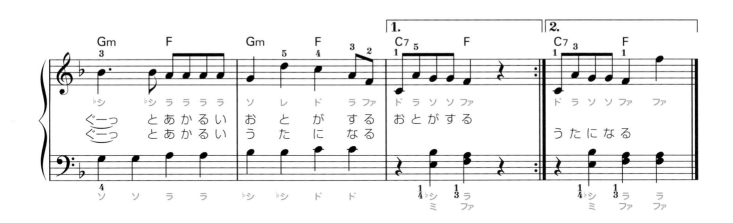

あなたのおなまえは

日本語詞：不詳　インドネシア民謡　編曲：有泉久美子

生活　友だち

弾き始めの指の位置

ド レ ミ ファ ソ ラ シ ド レ ミ ファ ソ ラ シ ド
❶　　　　　　　　　　❺

ポイント
4小節目と6小節目で、子どもが「○○です」と名乗るところは、ピアノは休みですが、ゆっくり待ってあげましょう。再び「あなたのお名前は?」と歌い始めるときは、全員の息が合うように合図をしましょう。

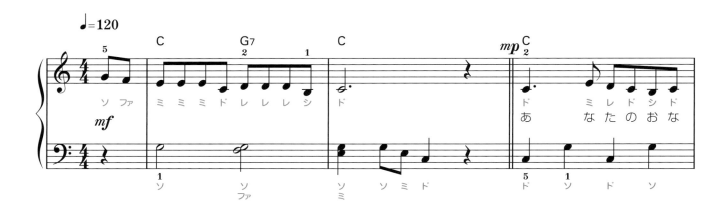

おかえりのうた

作詞：天野蝶　作曲：一宮道子　編曲：北原敦子

弾き始めの
指の位置

ポイント 右手の指使いに気をつけましょう。付点音符を元気に弾きますが、「せんせい」からは伴奏形が変わるので、気持ちを切り替えて。「またまた」の部分は、右手と左手のリズムの違いをしっかり練習しましょう。

♩=126

1.きょーうもたのしくすみまましたて
2.おりがみつみきもすかたづけて

なかよしこよしでく　かえりましょう　せんせいん
おかえりおしたく　かえりました　みんな

ささよならら　またまたあし　た
ささよならら

25

おかたづけ

作詞・作曲：不詳　編曲：北原敦子

ポイント

おかたづけがうまく進むように、リズミカルに弾いてください。短い曲なので、何度もくり返す場合は、テンポをだんだん速くしたり、左手の音を少し足して伴奏形を変えてもよいでしょう（→P268）。

弾き始めの指の位置

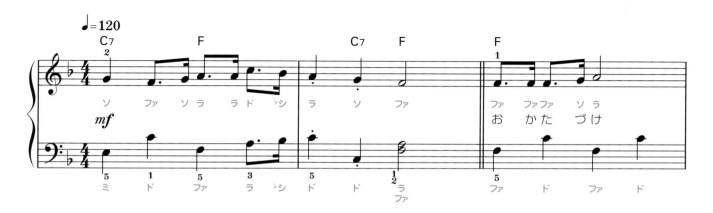

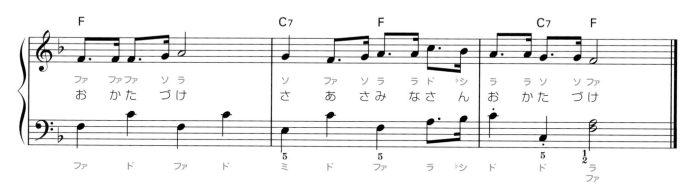

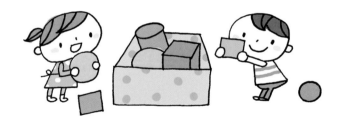

おててをあらいましょう

作詞・作曲：不詳　編曲：有泉久美子

弾き始めの指の位置

生活　言葉遊び

4月

ポイント
右手に3回出てくる「ラソミド」は、「5421」と指を広げて弾きます。まずレガートで練習、そのあとスタッカートで弾くとよいでしょう。1回歌うと20秒ほどなので2～3回くり返して、よく手を洗いましょう。

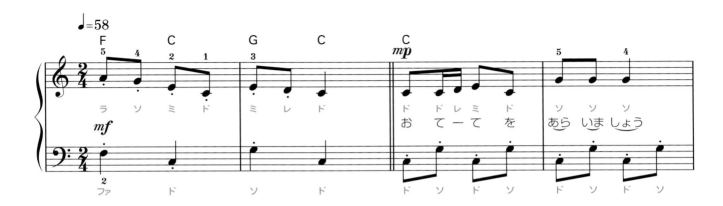

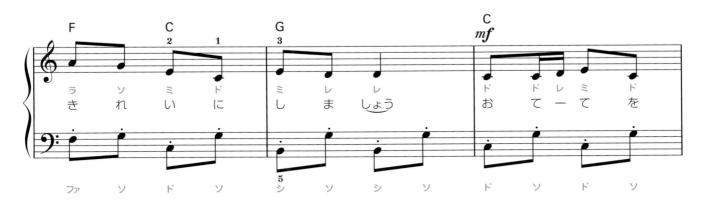

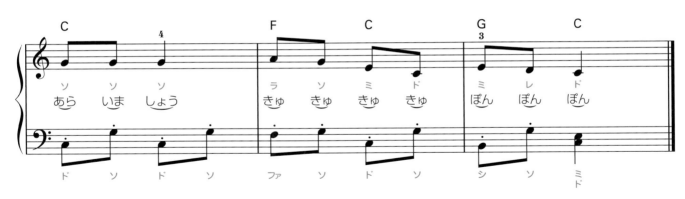

おなかのへるうた

作詞：阪田寛夫　作曲：大中恩　編曲：北原敦子

生　活

ポイント
ユーモラスな歌詞ですね。左手に臨時記号のつく箇所はおもしろい響きがするので、少し強調してみましょう。最後から2小節目の4分休符をよく待って、「くっつくぞ」の歌と伴奏のタイミングを合わせましょう。

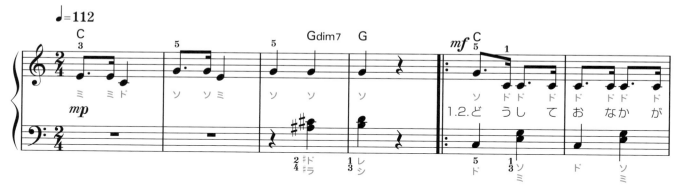

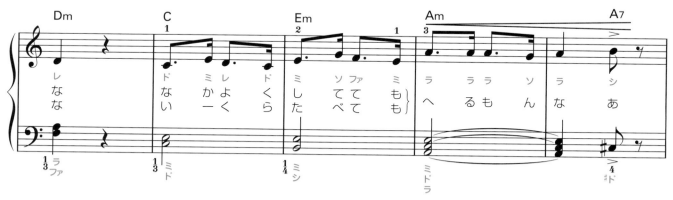

作詞：天野蝶　作曲：一宮道子　編曲：有泉久美子

生活

弾き始めの指の位置

ポイント　♪♪♪ のリズムは、♪♪♪ と跳ねて歌われることもあります。イントロ最後の4分休符を正確にとることで、歌い出しがそろいます。2段目最後の付点リズムは同じ音で指かえをするので、あわてずに。

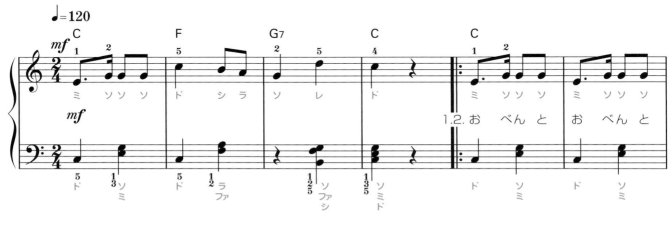

ハッピー・バースデー・トゥ・ユー

Happy Birthday to You　　作詞・作曲：M.J.ヒル・P.S.ヒル　編曲：有泉久美子

 定番　 イベント　 英語

弾き始めの指の位置

\ポイント/ 「〇〇」と名前を呼ぶ部分に向かってクレッシェンドし、大いに盛り上げましょう。跳躍がたくさん出てくるので、鍵盤を見ずに弾けるようになるといいですね。出だし（アウフタクト）については13ページを参照。

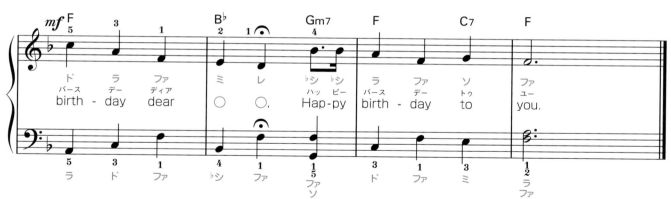

ABCのうた
Alphabet Song　　英語詞：不詳　フランス民謡　編曲：北原敦子

定番　英語

弾き始めの指の位置

ポイント　アルファベットの順番や発音を楽しく覚えましょう。最後の小節は、左手の和音の音が増えているので、しっかり弾きましょう。右手のメロディーは「きらきらぼし」（→P87）と同じです。

4月

あたま、かた、ひざ、あし

Head, Shoulders, Knees and Toes　英語詞：不詳　日本語詞：不詳　外国民謡　編曲：有泉久美子

弾き始めの指の位置

ポイント

はじめはゆっくりと、何回もくり返してだんだん速くしていきましょう。左手は、スタッカート気味に弾くと軽やかな演奏になります。間奏や後奏を入れたいときは、イントロを活用しましょう。

サンデー、マンデー、チューズデー

Sunday, Monday, Tuesday　　英語詞：不詳　外国民謡　編曲：有泉久美子

生活 英語

4月

弾き始めの指の位置

② ③ ⑤

ポイント

ダ・カーポのあともくり返してください。そのあとコーダへ飛び、全部で4回歌います。2段目2～4小節の1拍目は左右の音の流れが美しいので、よく響かせて。

おはながわらった

作詞：保富康午　作曲：湯山昭　編曲：北原敦子

自　然

弾き始めの指の位置

ポイント

「わらった」という歌詞が何度も出てきます。スタッカートをかわいらしく弾いてください。最後は、*poco a poco dim. e rit.*（少しずつ弱く、そしてゆっくり）していき、アルペジオはていねいに心を込めて弾きます。

♩=84

春の小川

作詞：高野辰之　作曲：岡野貞一　編曲：北原敦子

弾き始めの指の位置

ポイント　右手は、メロディーの形に合わせて指を広げて準備します。「ララ」を「35」と指かえをする部分にも注意しましょう。左手は音が少ないので、穏やかに。歌詞から春らしさを感じとって弾いてください。

♩=104

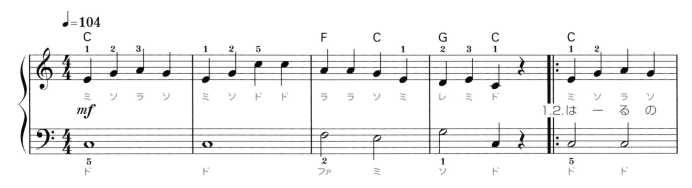

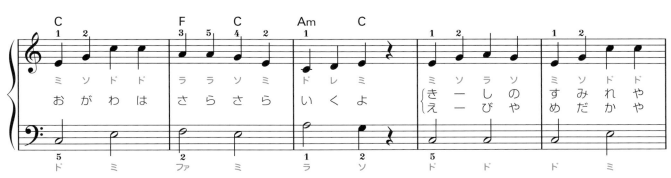

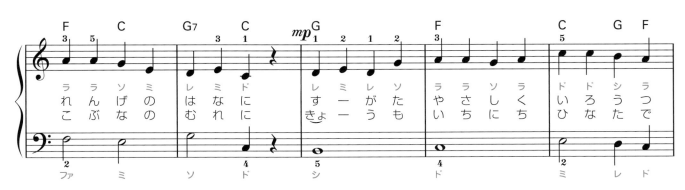

チューリップ

作詞：近藤宮子　作曲：井上武士　編曲：北原敦子

弾き始めの
指の位置

ポイント　左手の伴奏は、なだらかにやさしい感じで弾きましょう。イントロと最後の4小節は同じメロディーになっています。右手の指使いに注意して、少し盛り上げてください。

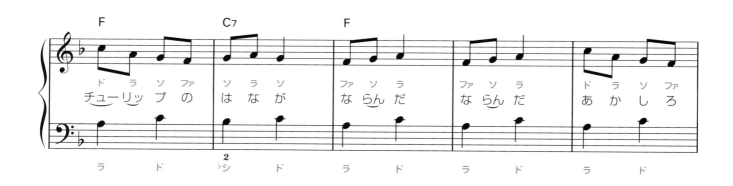

ちょうちょう

日本語詞：野村秋足　ドイツ民謡　編曲：有泉久美子

弾き始めの指の位置

ポイント　左手は、「ドミソ」「シファソ」「シレソ」の和音だけでできています。マーカーなどで和音を色分けしてみましょう。右手も、同じ形でできている部分を探すと読譜が楽しくなりますよ。

めだかの学校

作詞：茶木滋　作曲：中田喜直　編曲：有泉久美子

「そーっとのぞいてみてごらん」というフレーズのくり返しは、強弱をはっきりつけることで、いきいきとした演奏になります。3番は今までよりにぎやかに。エンディングは、余韻を残すようにだんだん遅くします。

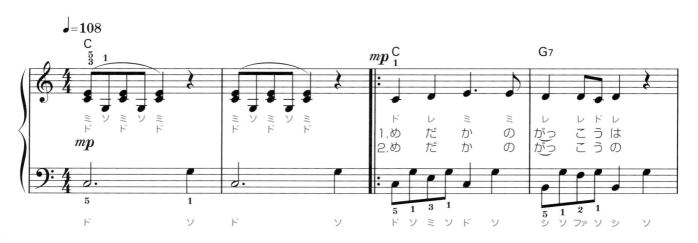

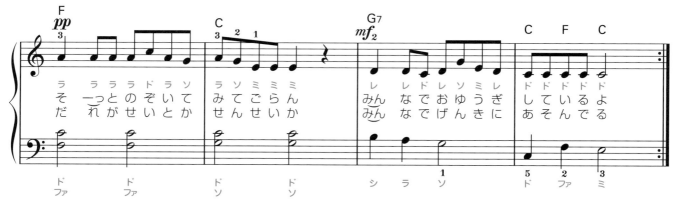

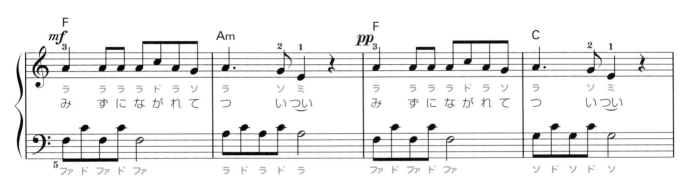

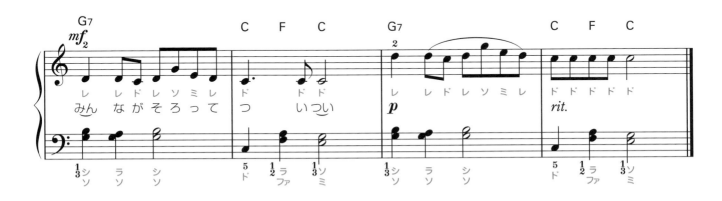

39

アンパンマンのマーチ

作詞：やなせたかし　作曲：三木たかし　編曲：北原敦子

弾き始めの指の位置

ポイント 間奏のあとの歌い出しのタイミングに注意してください。42ページの「ああアンパンマン」からは、より躍動感のある元気な演奏を心がけましょう。

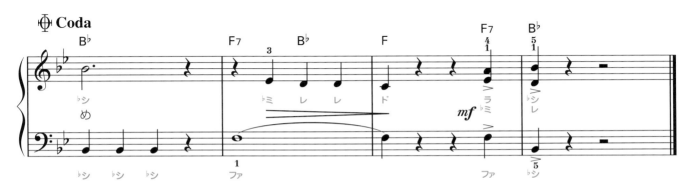

アンパンマンたいそう

作詞：魚住勉・やなせたかし　作曲：馬飼野康二　編曲：有泉久美子

弾き始めの指の位置

ポイント　「アンパンマーン」のかけ声を誘うように、元気よく弾き始めましょう。体操のときはリズミカルな演奏を心がけて。「そらとうみをこえて」を柔らかく弾くと「アンパンマンはきみさ」の部分が引き立ちます。

44

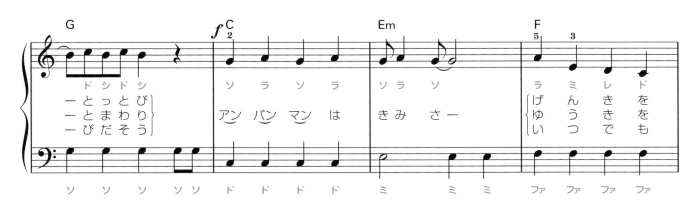

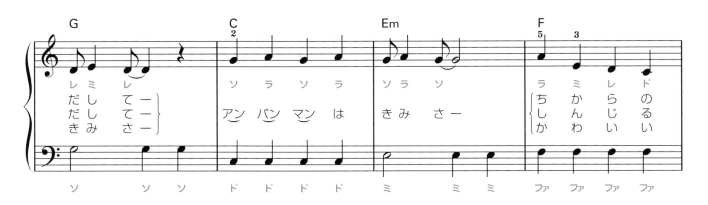

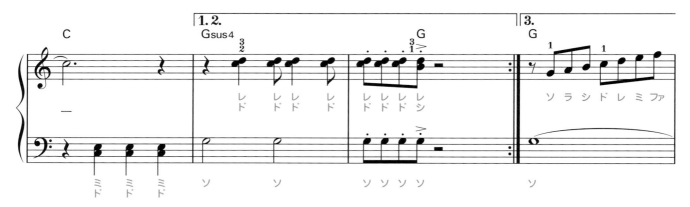

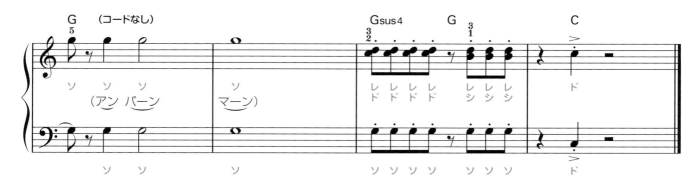

どんな色がすき

作詞・作曲：坂田修　編曲：北原敦子

弾き始めの指の位置

ポイント

付点音符を、ノリよくはずませて弾きましょう。「いろいろ」の部分は少し弱くしますが、だんだん盛り上げて最後の5番の歌詞はいちばん元気よく。子どもたちにも「どんな色がすき?」と問いかけてみましょう。

生活

4月

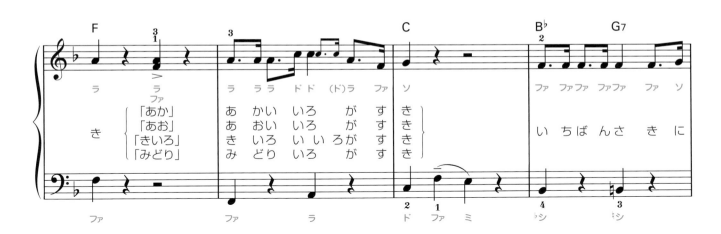

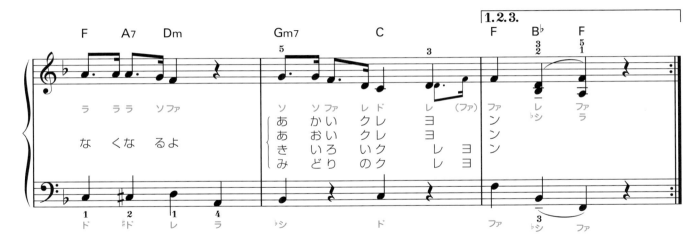

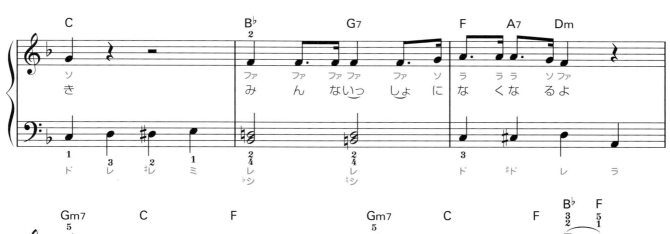
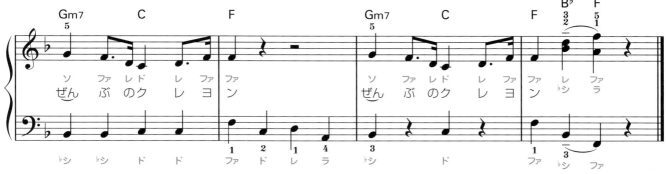

ずいずいずっころばし

わらべうた　編曲：北原敦子

弾き始めの
指の位置

ポイント 言葉のもつリズムがおもしろい手遊び歌です。「シ」と「ミ」の音が♭になったり♮になったり、臨時記号の変化が多いので気をつけましょう。「おちゃわん かいた」は「おちゃわんを割った」の意味です。

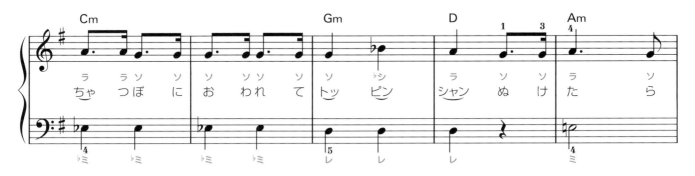

50

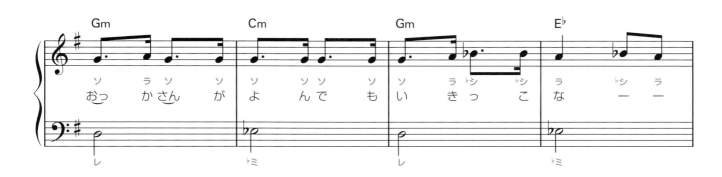

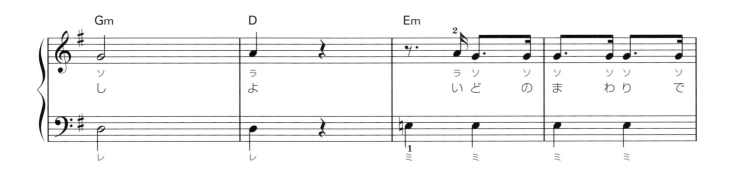

茶摘み

文部省唱歌　編曲：北原敦子

弾き始めの
指の位置

ファ ソ ラ シ ド レ ミ ファ ソ ラ シ ド レ ミ ファ
❶ ❺

ポイント

歌詞の「八十八夜」とは、5月2日頃。二人一組で行う手遊び歌です。右手は指使いに注意。左手にアクセント（＞）がついた音は、合いの手のリズムなので、左手だけをはっきり、あわてずに弾きましょう。

♩=132

1. なつも ちかづく はちじゅうの はごろやを のにこもろ しゃのまどに わつかみつ しげるうるう あれによ みつえるはめ ちゃつまねじゃ ななかぬ
2. ひより つづきの きょうこの

あつかまにゃ らだに すきほんの すちゃげにな さ ぬ

52

こいのぼり

作詞：近藤宮子　作曲：不詳　編曲：有泉久美子

弾き始めの指の位置

ポイント　4小節をひとまとまりとしてとらえ、のびのびとした演奏をめざしましょう。2段目の最後の小節、左手はそのままのポジションでも弾けますが、「ファ」を1にすることで、次の小節が弾きやすくなります。

ぶんぶんぶん

日本語詞：村野四郎　ボヘミア民謡　編曲：有泉久美子

弾き始めの
指の位置

ポイント
4分音符はノン・レガート（音と音をつなげずに弾く）、8分音符はレガート（音をなめらかにつなぐ）で弾くと軽やかに。「ぶん ぶん ぶん」と歌うとき、音を切れば活発なハチ、つなげると重そうなハチになります。

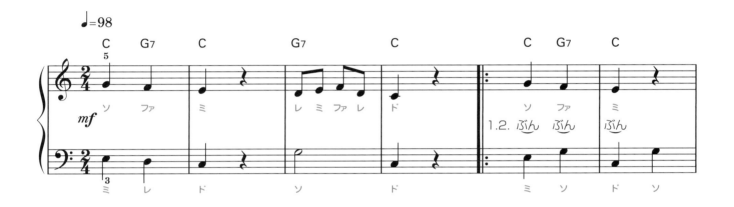

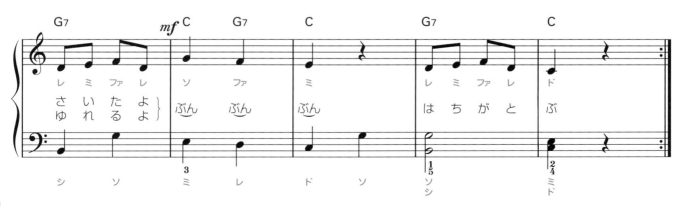

おかあさん

作詞：田中ナナ　作曲：中田喜直　編曲：北原敦子

ポイント
和音のもつ柔らかな響きを、よく感じて弾きましょう。やさしいお母さんになった気持ちで、子どもに語りかけるように心を込めて。最後の小節の和音もやさしいタッチで弾いてください。

弾き始めの指の位置

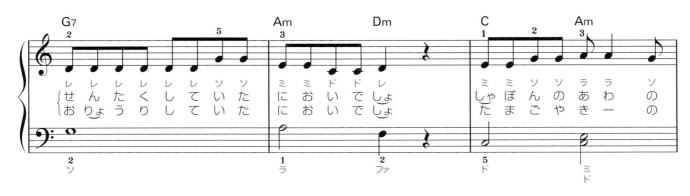

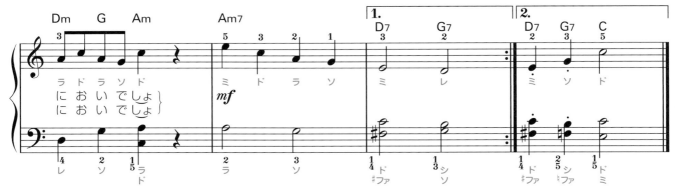

肩たたき

作詞：西條八十　作曲：中山晋平　編曲：北原敦子

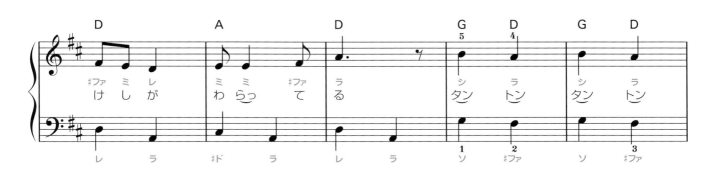

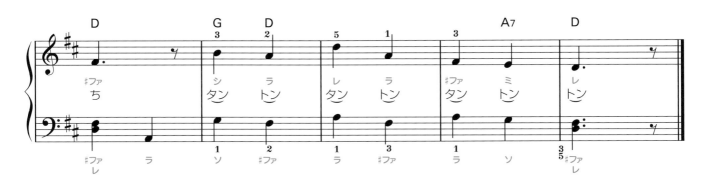

すいかの名産地

日本語詞：高田三九三　アメリカ民謡　編曲：有泉久美子

友だち

弾き始めの指の位置

ポイント

伴奏をスタッカート気味に弾くとコミカルな感じになります。とくに8分音符は軽やかに弾きましょう。3段目2小節目からの4小節間はレガートで弾くと、メリハリがつきます。

アルプス一万尺

日本語詞：不詳　アメリカ民謡　編曲：有泉久美子

弾き始めの
指の位置

 ポイント

日本語詞は29番まであると言われています。「一万尺」はおよそ3000メートル、「こやり」は岩場のこと。手遊び歌として演奏する場合、ゆっくり始めて、だんだん速くしていくとおもしろいですね。

ピクニック

日本語詞：萩原英一　イギリス民謡　編曲：有泉久美子

弾き始めの指の位置

ポイント　動物の鳴きマネは、伴奏のリズムや音にとらわれず自由に表現しましょう。ピアノも、たとえば「ガガガガー」は低い音で弾いたり、「モーォ」はリズムを刻まず音をのばしたり、即興で弾いてみましょう。

60

やまびこごっこ

作詞：おうちやすゆき　作曲：若月明人　編曲：北原敦子

弾き始めの指の位置

ポイント やまびこのようにくり返されるメロディーを、先発と後発の2パートに分けて歌います。ピアノは、後発の部分を1オクターブ高く弾くと変化が出ます。その場合は、3拍目でペダルを踏んで音をつなげましょう。

62

5月

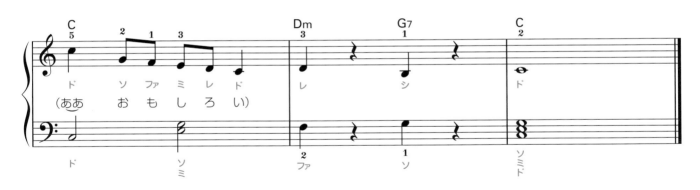

さんぽ

作詞：中川李枝子　作曲：久石譲　編曲：有泉久美子

ポイント：イントロは輝かしく堂々と弾くと、和音の美しい響きが子どもたちにも伝わるでしょう。歌い出しからは、行進曲風にリズムを刻む伴奏形です。元気に弾きましょう。

　© 1988 by Studio Ghibli

あおいそらにえをかこう

作詞：一樹和美　　作曲：上柴はじめ　　編曲：上柴はじめ・北原敦子

弾き始めの指の位置

ポイント 「エイ!ヤー!」のかけ声のところは、パートを二つに分けるとよいでしょう。元気いっぱいに冒険を楽しむ気分で弾いてください。イントロが長すぎるときは5小節目から弾きます。

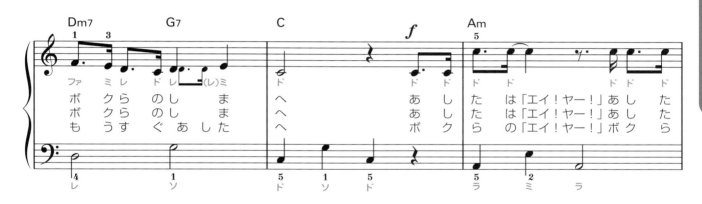

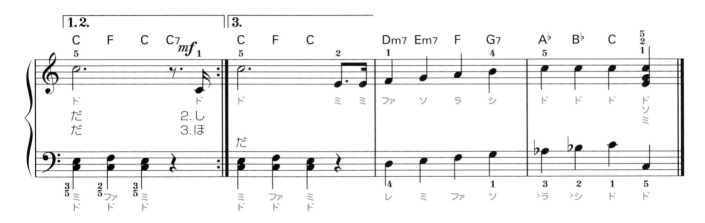

パプリカ

作詞・作曲：米津玄師　編曲：北原敦子

遊び歌　自然

ポイント

最初のメロディーには民謡風の音階が用いられています。69ページの転調する部分は、リズムに乗って明るく。「あいにゆくよ」の2回目、左手は4分音符になります。より強めに弾いて盛り上げましょう。

68

5月

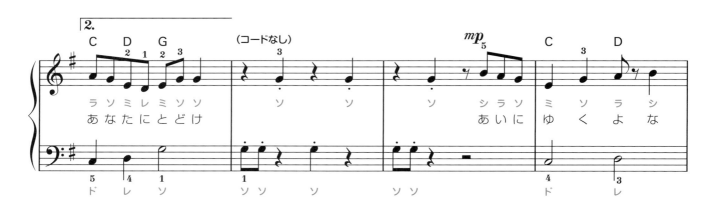

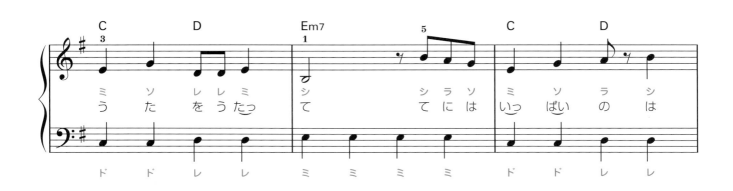

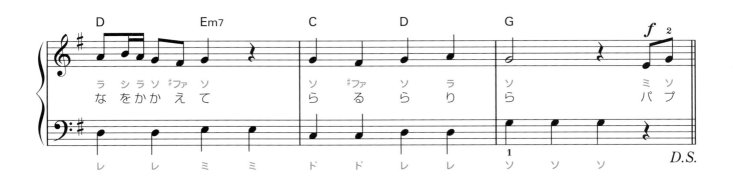

71

はをみがきましょう

作詞・作曲：則武昭彦　編曲：北原敦子

弾き始めの
指の位置

ポイント

全体的に、左手を歯切れよく弾いてください。「シュッ
シュッシュッ」のところはとくに思い切りよく、歯ブラ
シを動かしているイメージで演奏しましょう。歯みが
きが楽しくきちんとできるようになるといいですね。

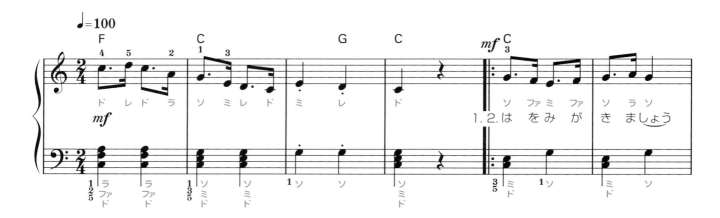

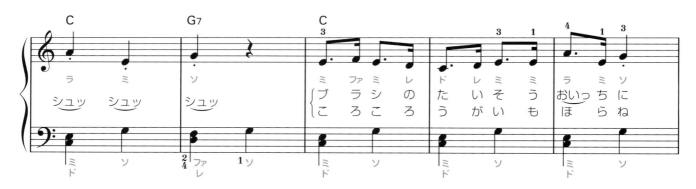

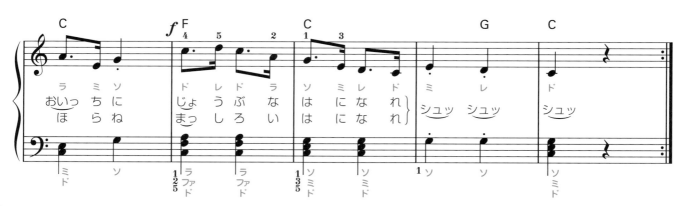

とけいのうた

作詞：筒井敬介　作曲：村上太朗　編曲：北原敦子

弾き始めの指の位置

ポイント　イントロとエンディングは、時計の音をイメージして、テンポキープを心がけましょう。「カッチン」のところはスタッカートを意識して。「こどものはりと」からの部分は両手ともなめらかに。

♩=108

ソ ミ ラ ミ　ソ ミ ラ ミ　ソソミミラ ソ　レ レ ミ ド　1.2.コチコチカッチン

ド ド レ レ ミ　ソソミミラ ソ　レ ファミ レ ド　こ ど も の / こ ど も が　は り と / ピョ コ リ

おとけいさん　コチコチカッチン　うごいてる

ミ ミ ミ ファ　ラ ソ ミ　ソ ド ド ド ド　ラ ラ ラ ソ　ミ ミ レ レ ラ ソ

お と な の / お と な が　は り と / ピョ コ リ　こんにちは　さよう なら　コチコチカッチン

レ レ ミ ド　ソ ミ ラ ミ　ソ ミ ラ ミ　ソ ミ ラ ミ　ソ ラ シ ド

さよう なら

大きな古時計

日本語詞：保富康午　作詞・作曲：H.C.ワーク　編曲：有泉久美子

定番

弾き始めの指の位置

\ポイント/ 全体を通してなめらかに。左手は時計のように正確に、控えめにリズムを刻みます。最後の「いまはもううごかない そのとけい」はくり返してもOK。エンディングは時計が止まっていく様子を表現しています。

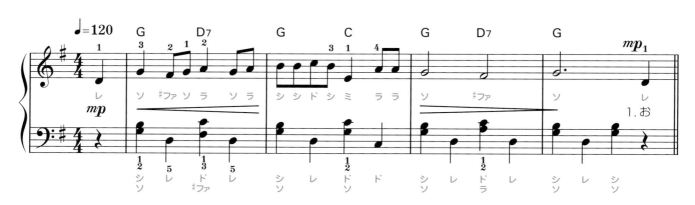

おはなしゆびさん

作詞：香山美子　作曲：湯山昭　編曲：北原敦子

弾き始めの指の位置

ポイント

楽しい手遊び歌です。左手の伴奏の音形が2種類あります。歌詞の1番（パパ）、3番（にいさん）は *mf* で元気よく、2番（ママ）、4番（ねえさん）、5番（あかちゃん）は *mp* でやさしく弾きましょう。

1. このゆびパパ　ふとっちょパパ
3. このゆびにいさん　おおきいにいさん

やあやあやあやあ　ワハハハハハハ

おーはなし　する

2. このゆびママ　やさしいママ
4. このゆびねえさん　おしゃれなねえさん
5. このゆびあかちゃん　よちよちあかちゃん

まあまあまあまあ　ホホホホホホホ

おーはなし　する　する

ことりのうた

作詞：与田凖一　作曲：芥川也寸志　編曲：北原敦子

弾き始めの指の位置

ポイント イントロとエンディングの3つの「ド」に前打音をつけると、かわいい感じに（→P17）。「ピピピピピ」からのスタッカートは両手の弾き方をそろえて。最後の小節の「ド」は、1オクターブ上でもよいでしょう。

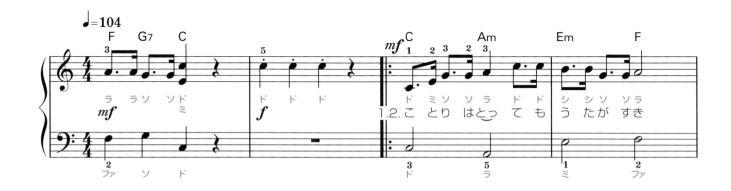

1.2.ことり はとっ て も うたが すき

{かあ さ ん}よ ぶ の も うた で よぶ ピ ピ ピ ピ ピ
{とう さ ん}

ラ ラ ラ ラ ラ
チ チ チ チ チ

ラ ラソ ソド
ピ チク リピイ

1.

2.

雨ふり

作詞：北原白秋　作曲：中山晋平　編曲：有泉久美子

弾き始めの
指の位置

ポイント：冒頭2小節の右手にスタッカートの指示はありませんが、音を切って弾けば心も弾み、歌への上手な導入となります。「ぴっち ぴっち ちゃっぷ ちゃっぷ」と歌いながら練習してみましょう。

78

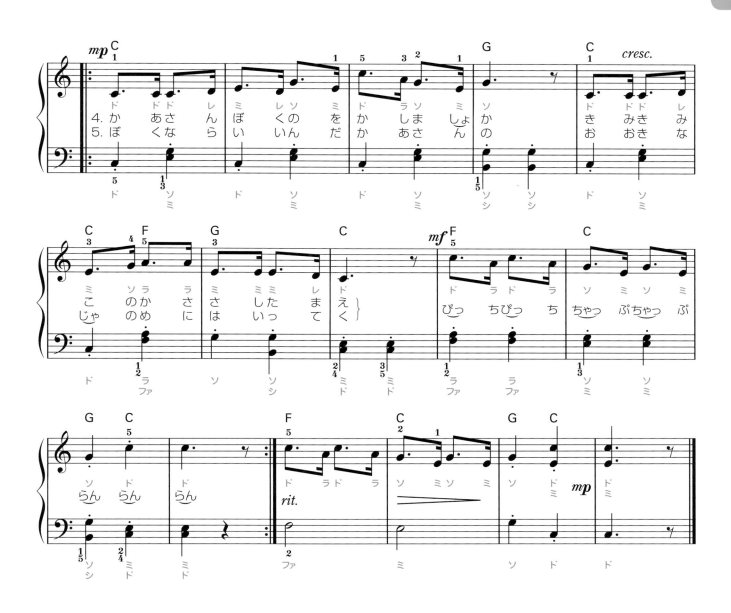

あめふりくまのこ

作詞：鶴見正夫　作曲：湯山昭　編曲：有泉久美子

ペダルを使い、やさしさにあふれた演奏をしましょう。付点のリズムは三連符に近いイメージをもってください（→P14）。終わりの2小節は、余韻を残すため少しリタルダンド（だんだん遅く）してみましょう。

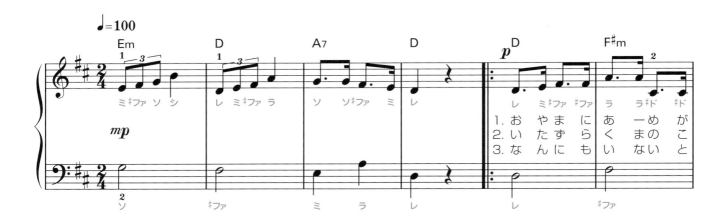

80

かたつむり

文部省唱歌　編曲：有泉久美子

弾き始めの
指の位置

ポイント　歌い出しの右手の「ソーソソ」のように、同じ音を3つ続けて弾くときは手の力を抜きましょう。最初と最後の音はしっかりと、間の16分音符は軽めに弾くと、音が抜けたりすることなくきれいに聞こえます。

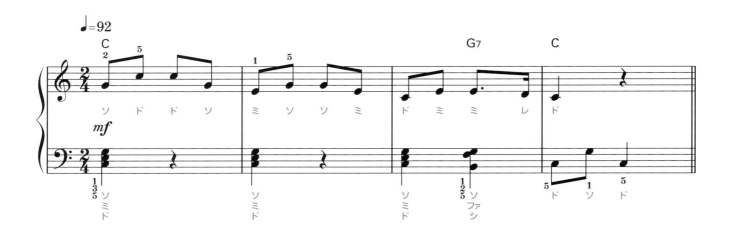

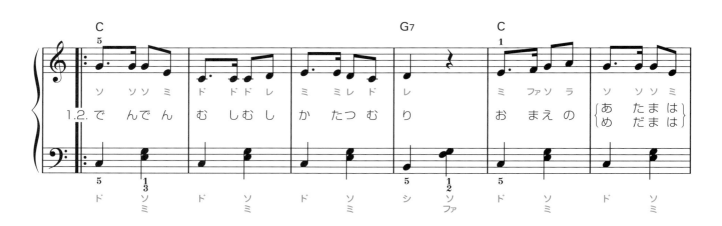

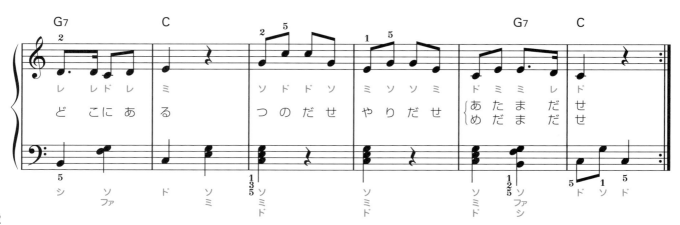

かえるの合唱

日本語詞：岡本敏明　ドイツ民謡　編曲：北原敦子

定番　言葉遊び　動物

6月

弾き始めの指の位置

ポイント
かえるの鳴き声の「クワックワッ」は、アクセント（>）をつけてはっきりと弾きましょう。2小節ずつの輪唱になっているので、2つか3つのパートに分けて、何回かくり返して歌うときれいです。

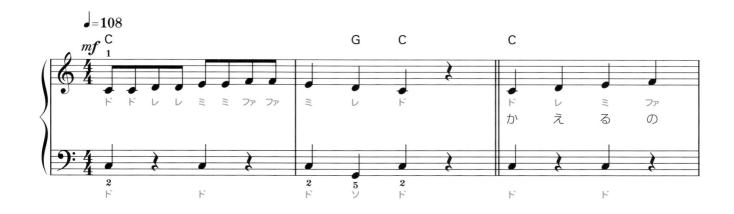

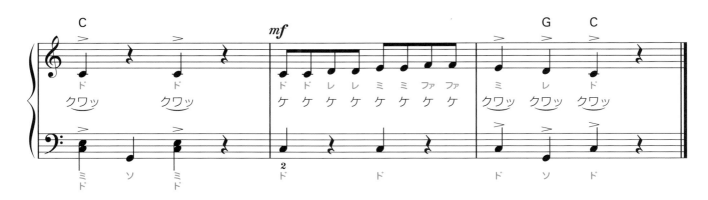

むすんでひらいて

作詞：不詳　作曲：J.J.ルソー　編曲：北原敦子

定番　遊び歌

弾き始めの
指の位置

ポイント　左手の伴奏は、C、G7、F の 3 種類のコードが出てきます。リズムをしっかり刻んで、元気に弾きましょう。
「そのてをうえに」のフェルマータの前後の弾き方は、16 ページを参照してください。

84

はと

文部省唱歌　編曲：有泉久美子

歌い出しの「ぽっぽっぽ」は、左手と右手の音をそろえ、和音の響きをよく聴くように努めましょう。右手を少し強く、左手は控えめに弾くとバランスのよい和音になるでしょう。

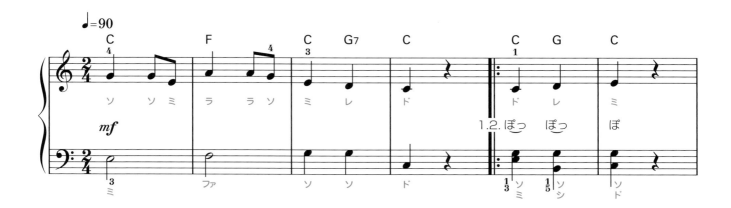

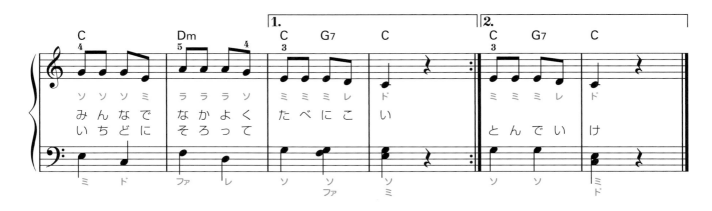

たなばたさま

作詞：権藤はなよ　補作詞：林柳波　作曲：下総皖一　編曲：有泉久美子

弾き始めの指の位置

ポイント　歌の前半と後半で左手の位置が変わりますが、5小節目の「ファ」と13小節目の「ファ」に、指示通りの指を置けば自然と弾ける指使いです。エンディングは、「金銀砂子」をイメージしてキラキラした音で。

きらきらぼし

Twinkle Twinkle Little Star

日本語詞：武鹿悦子　英語詞：不詳　フランス民謡　編曲：有泉久美子

弾き始めの指の位置

ポイント 原曲は「あのね、おかあさん」というシャンソン。モーツァルトはこのメロディーで変奏曲を作っています。左手の2拍目と4拍目は同じ音が続くので、1拍目と3拍目の動きに注目しましょう。

うみ

作詞：林柳波　作曲：井上武士　編曲：有泉久美子

弾き始めの指の位置

ポイント　「ひろい」「のぼる」など、1拍目に8分音符が現れます。あせって弾くと、「ひろーい」「のぼーる」のように、1つ目の音が短くなりがちなので注意。左手の2分音符と4分音符のリズムは波を表しています。

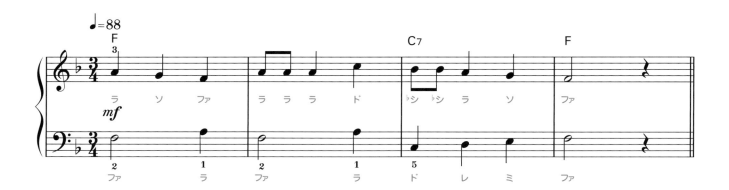

1. うみは ひろいな おおきいな つゆい きれって がてて
2. うみみはは ひおろいおふなねを おおあかいばう いなせ しでな のぼるまいた
3. うみみに なみを きいせ ソなみて ひつよく ずやく ファむらに

88

ほたるこい

わらべうた　編曲：有泉久美子

定番　動物

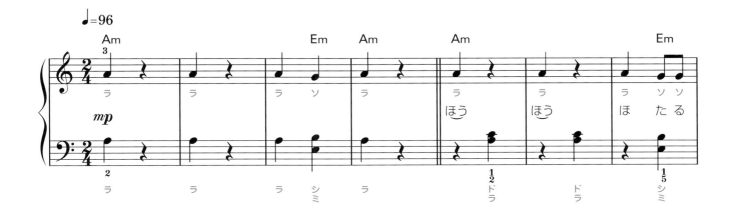

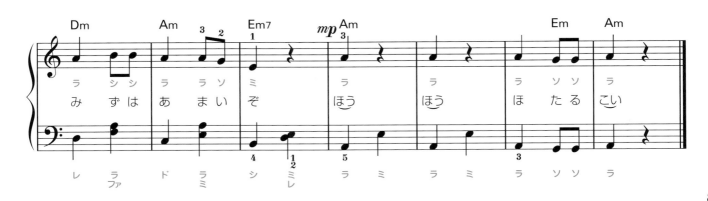

定番　動物

7月

ポイント

「ほう ほう」の弾き方で全体の雰囲気が変わってきます。音を短く切れば「ほっほっ」と元気のよいホタルに。左手の伴奏に音が重なるくらいのばすと、哀愁のあるホタルになります。

弾き始めの指の位置

ド レ ミ ファ ソ ラ シ ド レ ミ ファ ソ ラ シ ド

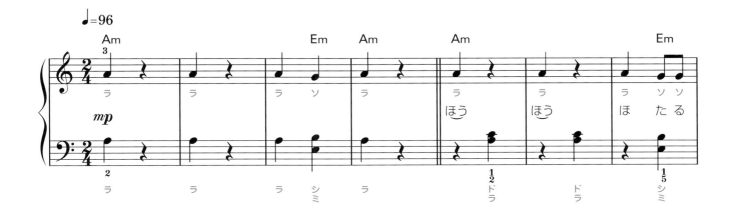

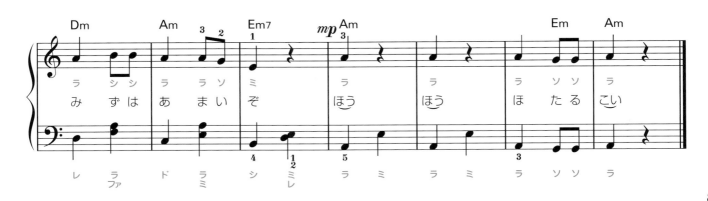

かもめの水兵さん

作詞：武内俊子　作曲：河村光陽　編曲：北原敦子

弾き始めの指の位置

ポイント　イントロの弾き方は270ページを参照。「しろいぼうし」のリズムは、最初の付点音符を少し重く弾き、続く32分音符を軽く弾くとよいでしょう。

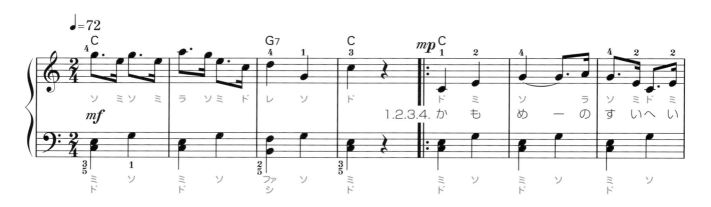

90

しゃぼんだま

作詞：野口雨情　作曲：中山晋平　編曲：有泉久美子

定番

7月

弾き始めの指の位置 ドレミ **ファ** ソ **ラ** シ ド レ ミ ファ ソ ラ シ **ド**
② ① ⑤

ポイント　しゃぼん玉が屋根まで飛ぶように、メロディーが下の「ソ」から上の「ド」まで駆けあがっていきます。思わずクレッシェンドしたくなりますね。全体に強弱を自由につけて弾いてみましょう。

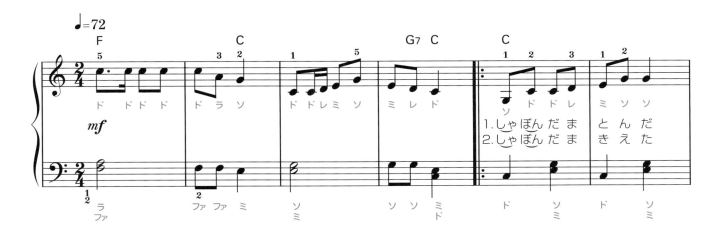

1.しゃぼんだま とんだ
2.しゃぼんだま きえた

やねまでとんで
ときえただ
やうねまれで
とんですぐに
こわれてこわれて

きえた
きえた
かぜかぜ ふくな しゃぼんだま とばそ

91

にじのむこうに

作詞・作曲：坂田修　編曲：有泉久美子

友だち　自然

弾き始めの指の位置

ポイント
8ビート（→P14）の明るい曲です。イントロは鐘の音をイメージし、1小節ずつペダルを踏んでみましょう。歌の部分は、2、4拍目に手拍子やタンバリンを入れるとノリが生まれます。

おうま

作詞：林柳波　作曲：松島つね　編曲：北原敦子

弾き始めの指の位置

ポイント　イントロの弾き方は270ページを参照。歌い出しの右手の指使いに注意しましょう。作曲者の松島つねは、大正時代に活躍した女性ピアニストで、作曲や音楽教育にも携わりました。

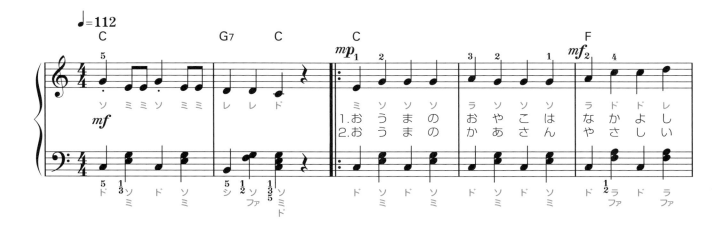

1.おうまの　おかあさん　なかよし
2.おうまの　おやこはん

こよし　いつでも　ららそみ　ポックリポックリ　あるく
かあさん　こうでまを　みんなしょにら

おんまはみんな

日本語詞：中山知子　アメリカ民謡　編曲：有泉久美子

言葉遊び　動　物

弾き始めの
指の位置

ポイント　馬が走る様子を表す付点のリズムは軽やかに。「どうしてなのか」からの4小節は、なめらかさを意識してメリハリをつけます。「ちょんぼり ちょろり」は「ぱっぱか はしる」よりやさしく弾きましょう。

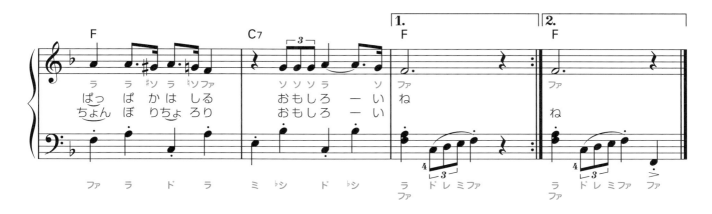

うたえバンバン

作詞：阪田寛夫　作曲：山本直純　編曲：有泉久美子

友だち

弾き始めの指の位置

ファ ソ ラ シ ド レ ミ ファ ソ ラ シ ド レ ミ ファ
④　　　　　　　　①

ポイント

視点が口から青空、そして宇宙へと広がるスケールの大きい曲です。イントロは速くなりがちなので、心の中で歌ってから弾き始めるようにしましょう。「うたうたえ」の部分は２拍遅れの輪唱をしてみても。

ヤッホッホ！ 夏休み

作詞：伊藤アキラ　作曲：小林亜星　編曲：有泉久美子

弾き始めの
指の位置

ポイント 夏休みを前に心はずむ気持ちを歌に乗せましょう。左手の付点の伴奏は、まず4分音符だけで練習してみてください。指かえの位置や音の進む方向を覚えてから、楽譜どおりのリズムで演奏しましょう。

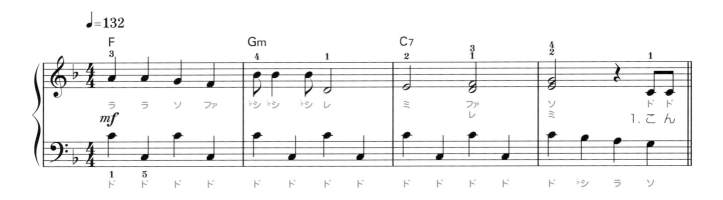

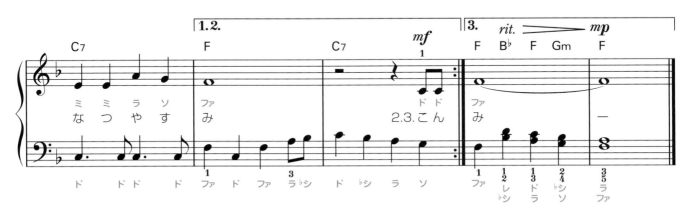

ありさんのおはなし

作詞：都築益世　作曲：渡辺茂　編曲：有泉久美子

 動 物

弾き始めの指の位置

ポイント　小さいありさんのないしょ話なので、2段目後半から3段目にかけて *mp* で演奏しましょう。左手は1拍目を強く、2、3拍目を弱く、ワルツのように演奏すると楽しい雰囲気が出ます。

102

おつかいありさん

作詞：関根栄一　作曲：團伊玖磨　編曲：北原敦子

弾き始めの指の位置

ポイント
歌が始まったあとも、左手は歯切れよく弾きましょう。右手の付点のリズムは、軽やかにはずむように、かわいらしく。ユーモラスな歌詞を味わって弾いてください。最後の4小節は元気よく。

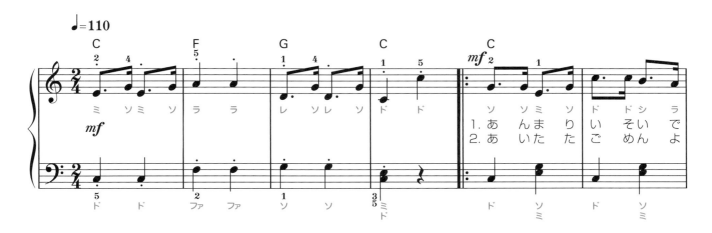

1. あんまり いそいで ごっつんこ
2. あいた ごめんよ そのひょうし

ありさんと あわ すれた ありさんと あわ すれた こっつかい

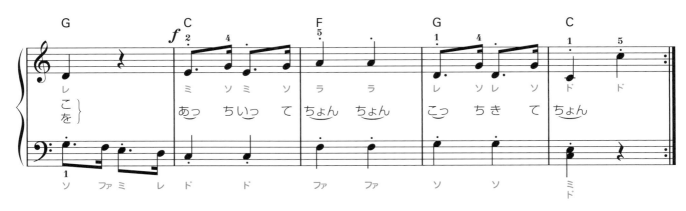

れこを あっちいって ちょん ちょん こっちきて ちょん

アイスクリームの唄

作詞：佐藤義美　作曲：服部公一　編曲：有泉久美子

弾き始めの指の位置

ポイント 付点リズムの楽しい部分と、アイスクリームがとろけるなめらかな部分を弾き分けましょう。「プカプカドンドン」からの左手の音形はウォーキングベースといいます。音と音の間はつなげずに弾きましょう。

オバケなんてないさ

作詞：まきみのり　作曲：峯陽　編曲：有泉久美子

弾き始めの
指の位置

ドレミ **ファ** ソラシ **ド** レミファソラシド
①　　　③

ポイント

こわくて不安な気持ちの前半と、だんだん楽しくなっ
てくる後半。気持ちの変化に合わせた伴奏を目指しま
しょう。イントロと間奏は、子どもたちをこわがらせ
るぞ！ くらいの気持ちで大げさに表現してください。

南の島のハメハメハ大王

作詞：伊藤アキラ　作曲：森田公一　編曲：有泉久美子

言葉遊び　自然

弾き始めの
指の位置

ポイント 南国のゆったりした曲調。同じ音が続くときは、歌いながら弾くとニュアンスがわかります。左手のリズムを打楽器でたたいてもいいですね。最後の右手の和音はウクレレのように低い音からゆっくりと弾きます。

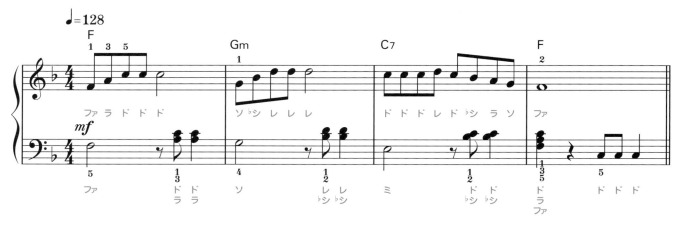

1. みなみのーしまの　だいおうは　そのなもいだいな　ハメハメハ
2. みなみのーしまの　だいおうは　じょおうのなまえも　ハメハメハ
3. みなみのーしまの　だいおうは　こどものなまえも　ハメハメハ
4. みなみのーしまに　すむひとは　だれでもなまえが　ハメハメハ

ロマーンチックな　おうさまで　かぜのすべてが　かれのうた
とてーもやさしい　おくさまで　あさひのあとで　おきてきて
がっこうぎらいの　こどもらで　かぜがふいたら　ちこくして
おぼーえやすいが　こやこしい　あうひとあうひと　ハメハメハ

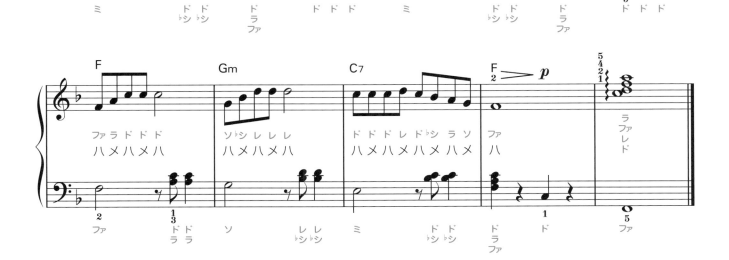

とんでったバナナ

作詞：片岡輝　作曲：櫻井順　編曲：北原敦子

エンディングについては、271ページを参照。

弾き始めの指の位置

ポイント　伴奏の付点のリズムを体で感じて、ノリよく弾いてください。歌詞の「とりやっこ」は「とりあいっこ」の意味。エンディングについては、271ページを参照。おもしろい和音の響きを強調しましょう。

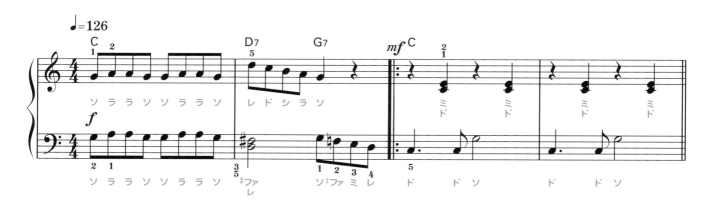

112

とんぼのめがね

作詞：額賀誠志　作曲：平井康三郎　編曲：有泉久美子

定番　自然　動物

弾き始めの指の位置

ポイント　水色や赤色のめがねをかけるとどう見えるか、セロファンなどを使って見てみるのもいいですね。メロディーは、「ミ」の音で指かえをすることが多いので、そこを意識して弾きましょう。

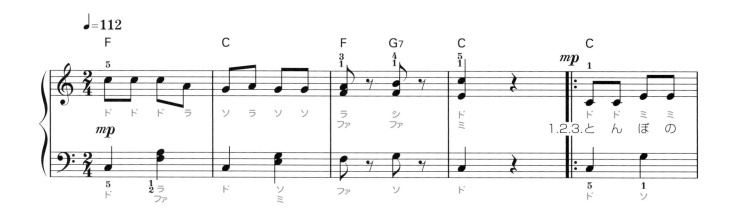

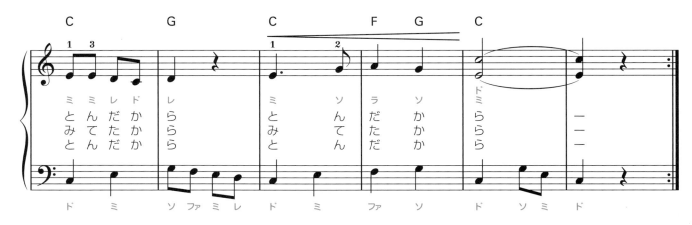

113

線路はつづくよどこまでも

日本語詞：佐木敏　アメリカ民謡　編曲：北原敦子

定番

弾き始めの指の位置

ポイント　付点4分音符と付点8分音符の違いに注意しながら、躍動感をもって弾きましょう。左手は短めのタッチで、テンポキープを心がけて。最後までパワーが落ちないように明るく元気に演奏してください。

115

アイ・アイ

作詞：相田裕美　作曲：宇野誠一郎　編曲：北原敦子

ポイント

「アーイアイ」のくり返し部分を少し弱く歌ったり、2パートに分かれて歌ってもよいでしょう。117ページの8分音符の「アイアイ」のところは4分休符の前でしっかり切り、走らないようにしてください。

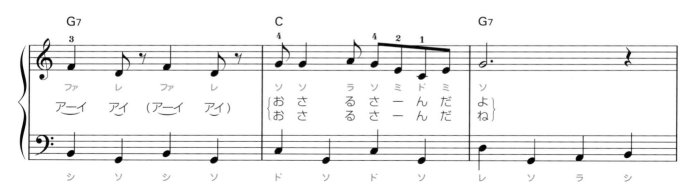

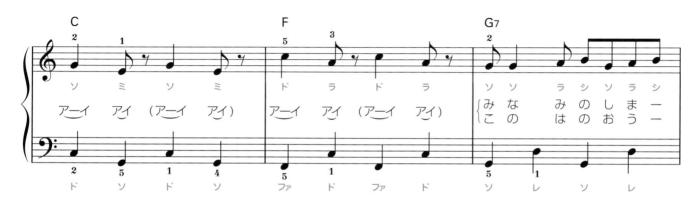

手のひらを太陽に

作詞：やなせたかし　作曲：いずみたく　編曲：北原敦子

弾き始めの指の位置

ポイント 生命感あふれる曲です。イントロの右手の16分音符はのばさず、左手に受け渡すようにしましょう。付点音符や♪♪　♪の音形、8分休符など、いろいろなリズムが出てきます。あせらず正確に弾きましょう。

♩=110

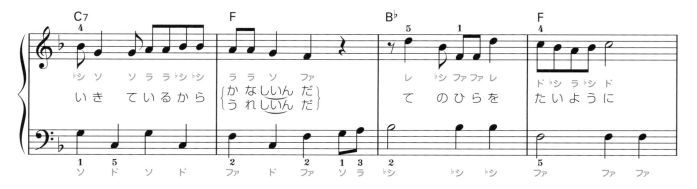

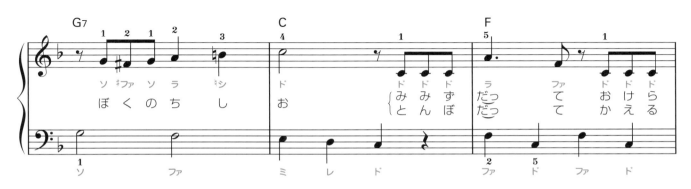

とんとんとんとんひげじいさん

作詞：不詳　作曲：玉山英光　編曲：北原敦子

遊び歌

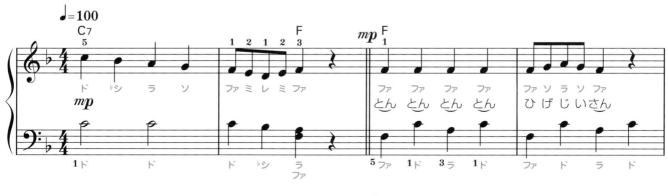

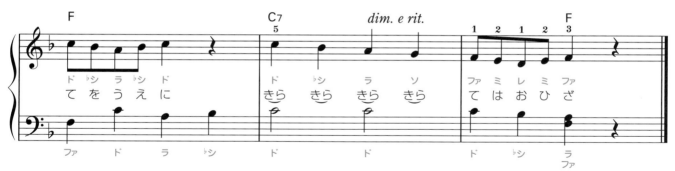

虫のこえ

文部省唱歌　編曲：北原敦子

ポイント

「ちんちろ」や「りんりん」のところのスタッカートは、両手のタイミングをそろえて弾きましょう。虫の鳴き声に合わせて、トライアングルや鈴などの打楽器と合奏するのも楽しいですね。

うさぎ
わらべうた　編曲：北原敦子

弾き始めの
指の位置

❷ ファ ソ ラ シ ド レ ミ ファ ソ ラ シ ド レ ミ ❹

ポイント
最初と最後の右手の前打音（→P17）は、うさぎがピョンと飛び跳ねるようにかわいらしく弾いてください。「じゅうごや」の部分は、両手ともに指使いに注意しましょう。

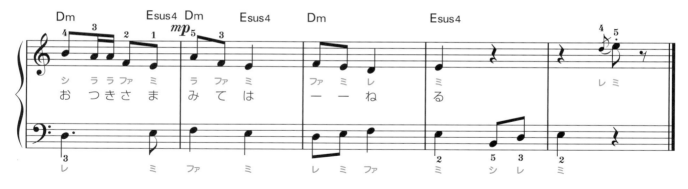

証城寺のたぬきばやし

作詞：野口雨情　作曲：中山晋平　編曲：北原敦子

定番　言葉遊び　動物

弾き始めの指の位置

ファ ソ ラ シ ド レ ミ ファ ソ ラ シ ド レ ミ ファ
❶　　　　　　　　　　　　　　　❺

ポイント イントロの右手のリズムが出遅れないように。「みんなでて」のあとの「こいこいこい」は元気よく弾きましょう。千葉県木更津市の證誠寺に伝わる「狸囃子」の伝説が、この歌のルーツといわれています。

月

文部省唱歌　編曲：北原敦子

弾き始めの
指の位置

ポイント　明治時代から歌いつがれている唱歌です。「まあるい」の部分は、付点8分音符と8分音符の違いに注意しましょう。歌い切りで終了していますが、エンディングを入れる場合は、271ページを参照。

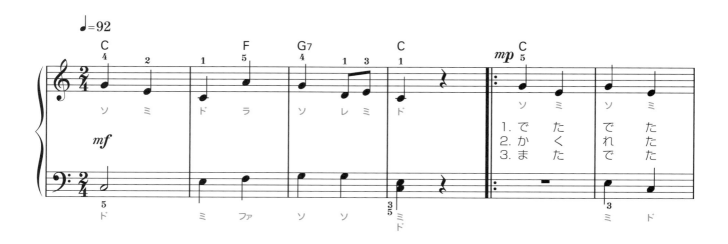

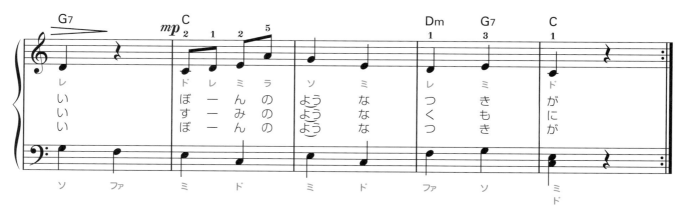

大きな栗の木の下で

日本語詞：不詳　イギリス民謡　編曲：北原敦子

弾き始めの指の位置

ド レ ミ ファ ソ ラ シ ド レ ミ ファ ソ ラ シ ド
❺ ❸ ❶ ❶

ポイント

手を大きく動かしながら歌います。ペアになったり、輪になったり、動きをつけて、みんなで楽しく歌いましょう。「あなたと」からの音が高くなる部分は、指使いに気をつけておおらかに弾いてください。

♩=96

C　　　　　　　　　　　　　　　　　　　　　G7　　C　　　　mf C
mp
ド　ド　レ　ミ　ソ　ド　レ　ミ　レ　ド　ド　ド　レ
　　　　　　　　　　　　　　　　　　　　　　　　おお　き　な
ソミド　ソミド　ソ　ソ　ソミド　ソミド

C　　　　　　　　　G7　　C　　　　　3　1　　3　5
ミ　ミ　ソ　ミ　ミ　レ　レ　ド　ミ　ミ　ファ　ソ　ド
く　り　の　き　の　し　た　で　あ　な　ー　た　と
ソミド　ソ　ファ　ミ　ド　ミ

F 3　　　　C　　　　Am 5　　　Em　　　　F
ラ　ド　ソ　ド　ド　シ　ソ　ラ　ラ　ラ　ラ
わ　た　し　な　か　よ　く　あ　そ　び　ま
ファ　ミ　ラ 2　ソ 1　ファ 2

C　　　　　1　　　　　　　　　　　G7　　　C
ソ　ド　ド　レ　ミ　ミ　ソ　ミ　ミ　レ　レ　ド
しょう　おお　き　な　く　り　の　き　の　し　た　で
ミ 3　ド　レ　ソミド　ソミド　ソ　ファ　ソミド

125

犬のおまわりさん

作詞：佐藤義美　作曲：大中恩　編曲：北原敦子

ポイント　イントロとエンディングの8分音符の音形は、右手から左手へ、上手に受け渡してください。「ニャンニャン」や「ワンワン」は、スタッカートで思い切り強調しましょう。曲の後半からは両手とも指使いに注意。

弾き始めの指の位置

126

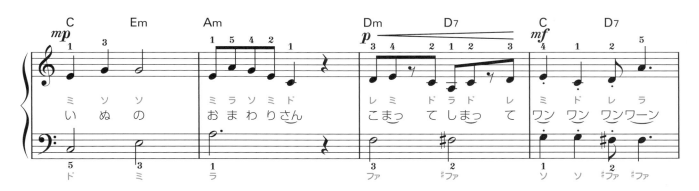

げんこつやまのたぬきさん

作詞：香山美子　作曲：小森昭宏　編曲：有泉久美子

遊び歌　動物

弾き始めの指の位置

| ド | レ | ミ | ファ | ソ | ラ | シ | ド | レ | ミ | ファ | ソ | ラ | シ | ド |

ポイント 手遊び歌で有名な曲です。伴奏は同じ音形が続きますが、「またあした」というさびしさを表すため、最後の4小節だけ違う形になっています。くり返すときは同じ音形を続けてもよいでしょう。

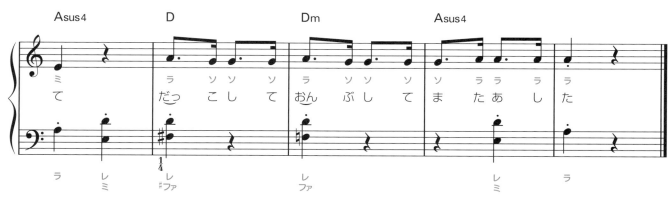

コブタヌキツネコ

作詞・作曲：山本直純　編曲：北原敦子

9月

弾き始めの指の位置

ポイント
動物の名前がしりとりになっているおもしろい歌です。動物のマネの手遊びをやったり、テンポを速くしたり遅くしたり、2パートでかけ合いをしたり、打楽器を入れたり、工夫次第でいろいろ楽しめます。

* くり返すときにテンポを速くしたり遅くしたりするとおもしろいです。

129

ホ！ホ！ホ！

作詞：伊藤アキラ　作曲：越部信義　編曲：有泉久美子

弾き始めの指の位置

ポイント

「ホホホホ　ユレユレ」という言葉の響きが楽しい曲です。ダンスもあるので挑戦してみましょう。左手♪ ♩の16分音符は右手と同じタイミングで弾きますが、重くならないように気をつけましょう。

♩=130

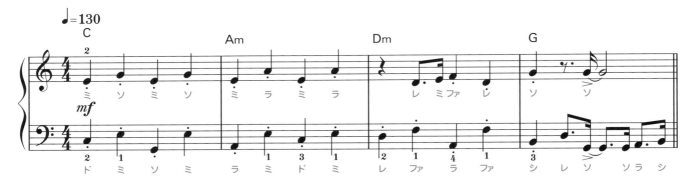

1.たのしい　メロディー　わすれたい　ときは―
2.あいたい　ひとに―　あいたい　ときは―

よ―んでみ　よ　う　よ―　あおぞらに　あおなまえ　―
よ―んでみ　　　　　　　　その　なまえ　―

ホ　ホ　ホ　ホ　ユ　レユ　レユ　レユ　レ　ホ　ホ　ホ　ホ　ユ　レユ　レユ　レユ　レ

130

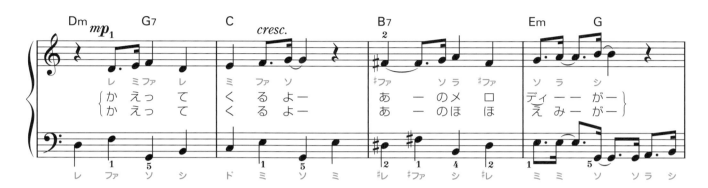

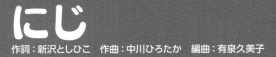

にじ

作詞：新沢としひこ　作曲：中川ひろたか　編曲：有泉久美子

弾き始めの
指の位置

ポイント

ペダルを上手に使って（→P269）、やさしい雰囲気で
演奏しましょう。メロディーの三連符の3つ目の音は
控えめに。「ラララ」は意識してクレッシェンド（だん
だん強く）し、続く部分を盛り上げましょう。

133

ともだち賛歌

日本語詞：阪田寛夫　アメリカ民謡　編曲：有泉久美子

ポイント　世界中にかえ歌がある曲で、「ごんべさんのあかちゃん」（→P200）もその１つ。詞のスケールがだんだん大きくなるのでおおらかに歌いましょう。最後の数字の「1、2」は、ほかの国の言い方も調べてみましょう。

＊「アイン ツバイ」はドイツ語、「ウノ ドス」はスペイン語で「1、2」です。

夕焼け小焼け

作詞：中村雨紅　作曲：草川信　編曲：北原敦子

弾き始めの
指の位置

ポイント 最初と最後の小節はコードなしです。左手の低い「ド」の音は、ペダルを効かせてフェルマータをよくのばすと、お寺の鐘の音のようなイメージになります。

136

七つの子

作詞：野口雨情　作曲：本居長世　編曲：有泉久美子

弾き始めの
指の位置

ポイント

昔から歌いつがれる童謡です。しっとりと演奏しましょう。「かわい かわい」は、かわいいという意味です。臨時記号は感情や情景の変化を表すことが多いので、3段目最後の「♯レ」に気持ちを込めましょう。

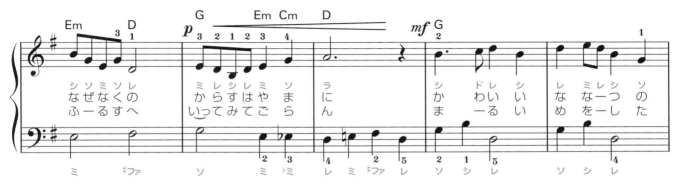

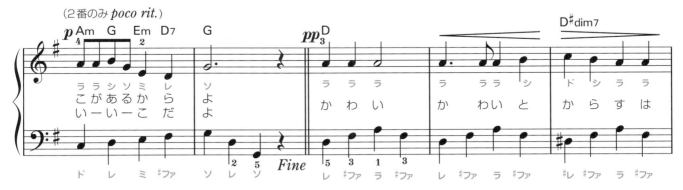

137

にんげんっていいな

作詞：山口あかり　作曲：小林亜星　編曲：北原敦子

弾き始めの指の位置

ポイント

左手は付点のリズムに注意してください。「いいないいな」で一度弱くなりますが、そのあと徐々に盛り上げていき、「バイバイバイ」は思い切りよく弾きましょう。D.S. については、18ページを参照。

ドラえもん

作詞：星野源　作曲：星野源・菊池俊輔　編曲：北原敦子

アニメ　友だち

弾き始めの指の位置

ポイント　前奏など歌のない部分は、テンポが速くならないように気をつけましょう。最初のメロディーは1の指のくぐりをスムーズに。142ページの「レ」の音が何度も続くところは、指をかえて弾きましょう。

ドラえもんのうた

作詞：楠部工　作曲：菊池俊輔　編曲：北原敦子

ポイント　三連符、8分音符、付点音符など、リズムの違いに気をつけましょう。歌い出しは、右手を広げて準備。付点のリズムが途中でくずれないようにします。黒鍵や指使いにも注意。

弾き始めの指の位置

夢をかなえてドラえもん

作詞・作曲：黒須克彦　編曲：有泉久美子

アニメ　友だち

弾き始めの
指の位置

ポイント　「おとなになったら」からは、左手が重音になります。左右のバランスをよく聴いて、控えめに弾きましょう。エンディングの右手「ドレミファ」の「ファ」は、アクセントとともに音を思い切りよく切ります。

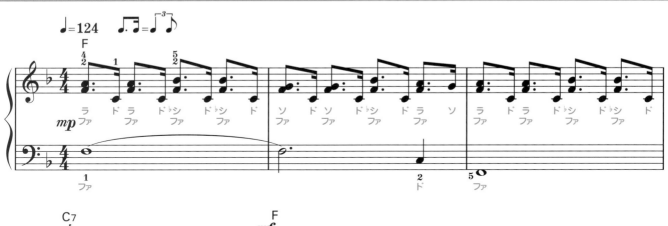

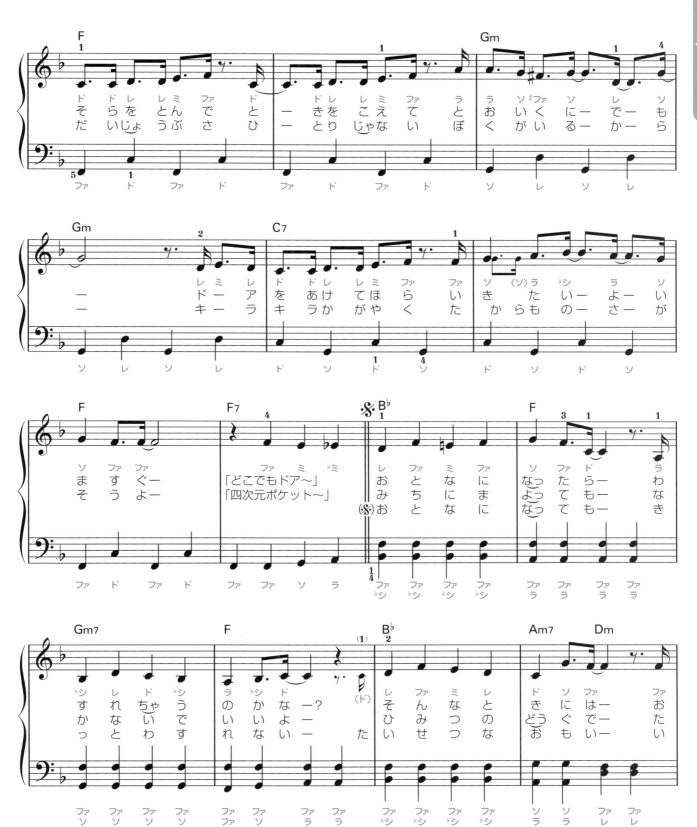

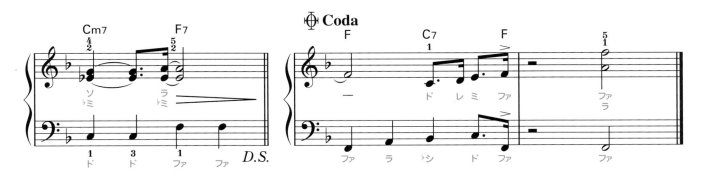

149

うさぎのダンス

作詞：野口雨情　作曲：中山晋平　編曲：北原敦子

定番　言葉遊び　動物

弾き始めの指の位置

ポイント
右手は指くぐりのタイミングに注意。左手は指を広げるところがあるので気をつけてください。「タラッタ ラッタ ラッタ」という言葉のもつリズムに合わせて、軽く跳ね上がるようなイメージで演奏しましょう。

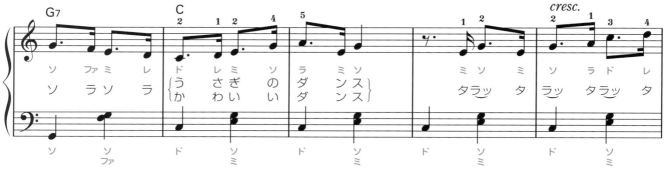

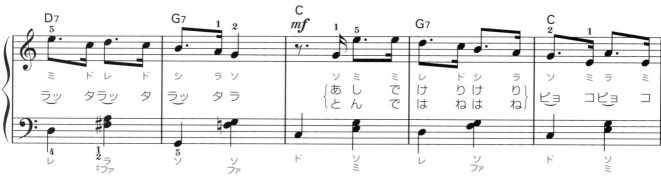

150

勇気100%

作詞：松井五郎　作曲：馬飼野康二　編曲：有泉久美子

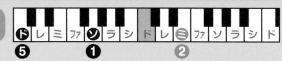

弾き始めの指の位置

ポイント
行進やダンスなどでもよく使われる曲で、元気な8ビートです。長調の曲ですが、「ゆめは」からの4小節は短調に転調しています。不安感を出しながらレガートで弾き、次へと盛り上げていきましょう。

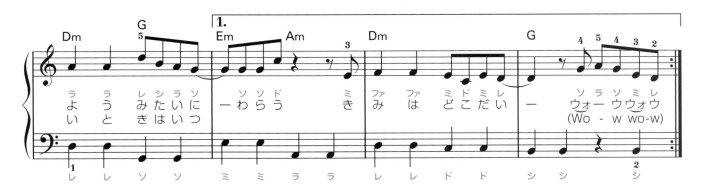

© 1993 by NHK Publishing, Inc. & JOHNNY COMPANY, INC.

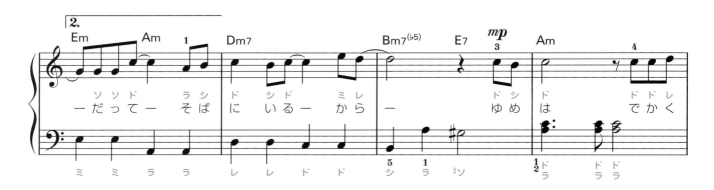

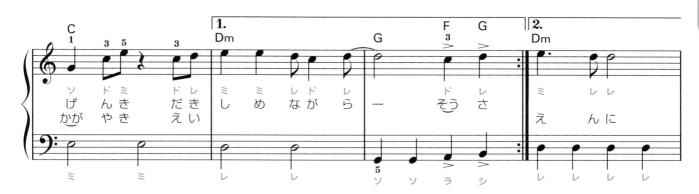

153

カレーライスのうた

作詞：ともろぎゆきお　作曲：峯陽　編曲：有泉久美子

生活　遊び歌　言葉遊び

弾き始めの
指の位置

ポイント　手遊び歌として人気の曲です。最初の人が「にんじん」と歌ったら、次の人はそれをマネして歌います。楽譜にはマネするところも書いてありますが、弾くのが難しければ省いてもかまいません。

1. にんじん（にんじん）たまねぎ（たまねぎ）じゃ
2. おしお（おしお）カレールー（カレールー）い
3. ムシャムシャ（ムシャムシャ）モグモグ（モグモグ）お

が　いも（じゃがいも）ぶ　た　にく（ぶたにく）お　な　べで（おなべで）い
れ　たら（いれたら）あ　じ　みて（あじみて）お　しょうを（こしょうを）い
み　ずも（おみずも）ゴ　ク　ゴク（ゴクゴク）そ　し　たら（そしたら）ち

ラ　ソファ（ララ　ソファ）　　　ド　ドド　♭シ　ラ　ソ
た　めて（いためて）　　　ぐ　つ　ぐ　つ　に　ま　　　しょ
れ　たら（いれたら）　　　は　い　で　き　あ　が　　　り
か　らが（ちからが）　　　も　り　も　り　わい　てき　　　た

154

やぎさんゆうびん

作詞：まど・みちお　作曲：團伊玖磨　編曲：有泉久美子

動物

弾き始めの指の位置

 ポイント

左手と右手がともに8分音符で動く「ついた」のところは、自然にディミヌエンドするとよいでしょう。最後の2小節を1オクターブ上でゆっくりくり返すと、余韻が出ます（→P271）。

いっぽんといっぽんで

作詞：不詳　外国曲　編曲：北原敦子

弾き始めの指の位置

ポイント 右手は同じメロディーでも、左手の伴奏が変わっていくことを意識してください。手遊びの指導をするとき、始めは2小節ずつに区切ってゆっくり弾いてあげましょう。英語の数え歌としても歌われています。

くつがなる

作詞：清水かつら　作曲：弘田龍太郎　編曲：有泉久美子

弾き始めの指の位置

ポイント
みんなでお散歩をする楽しさを、小鳥やうさぎにたとえて表現しています。左手の伴奏は、テクテク歩いているような感じで、正確なリズムを刻みましょう。

157

幸せなら手をたたこう

作詞：木村利人　アメリカ民謡　編曲：有泉久美子

定番　遊び歌

弾き始めの指の位置
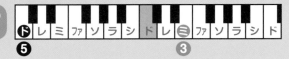
❺ ❸

ポイント
手拍子などが入るところの左手は、効果音のような不協和音ですが、弾かずに一緒に動作に加わっても楽しいですね。また、打楽器をたたく、ほっぺをたたく、笑う、手をつなぐ、飛び上がるなどの動作もあります。

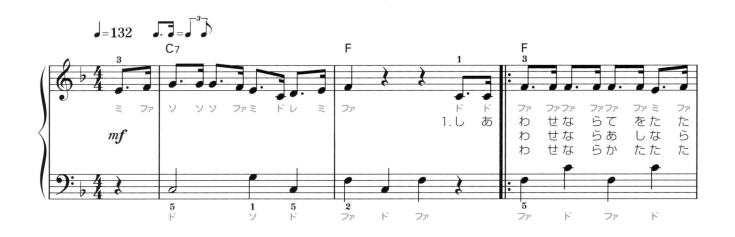

きのこ

作詞：まど・みちお　作曲：くらかけ昭二　編曲：北原敦子

言葉遊び　自　然

弾き始めの指の位置

ポイント

スピード感をもって進んでいく曲ですが、「ぎんのあめあめ」の部分は気分を変えて悲しげに。「るるるる」からの半音階の部分は、徐々に盛り上げて、音のおもしろさを感じましょう。ここは指使いにも注意。

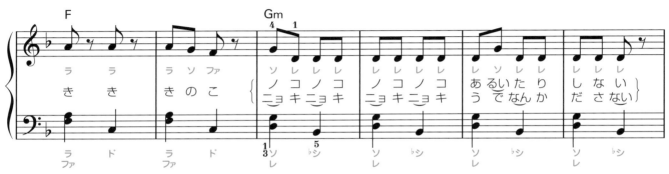

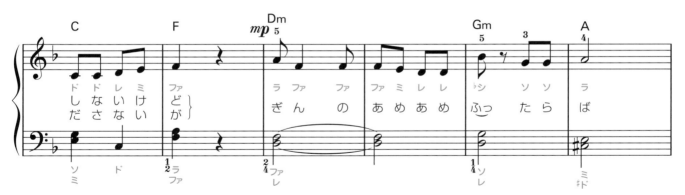

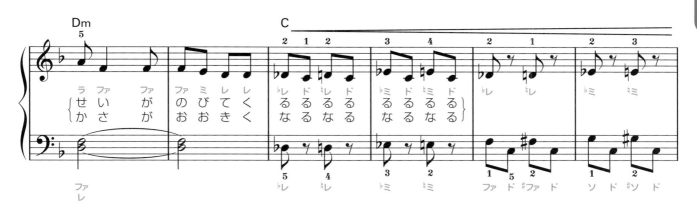

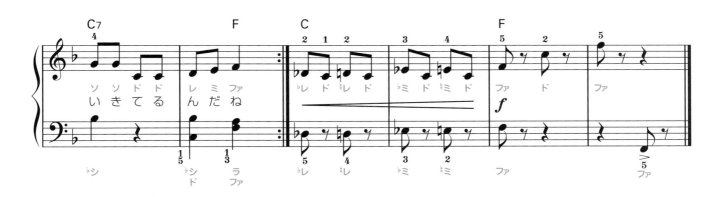

どんぐりころころ

作詞：青木存義　作曲：梁田貞　編曲：有泉久美子

ポイント：イントロは、どんぐりが向こうから転がってきて、足元にたどり着いたような描写です。音のつぶをそろえて、コロコロした感じを出しましょう。

紅葉

作詞：高野辰之　作曲：岡野貞一　編曲：北原敦子

弾き始めの指の位置

ポイント

2小節ごとのフレーズの、右手の最初の指番号に気をつけましょう。「まつをいろどる」からは、左手の伴奏が変化しますので少し積極的に。美しい秋の風景を想い浮かべながら、しっとりと弾きましょう。

まっかな秋

作詞：薩摩忠　作曲：小林秀雄　編曲：北原敦子

弾き始めの指の位置

ポイント：4段目から左手が1拍休みになっていますが、拍をよく感じて、アルペジオの伴奏をのびやかに弾きましょう。右ページの左手には臨時記号が出てくるので注意。3番の最後はていねいに終わります。

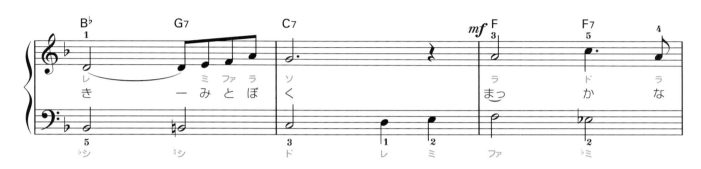

ドコノコノキノコ

作詞：もりちよこ　作曲：ザッハトルテ　編曲：有泉久美子

言葉遊び

弾き始めの指の位置

ポイント 言葉が音楽にハマっているので歌いやすく、思わず口ずさんでしまう曲です。だからこそ、物語になっている「もりのきのこは」からは、なめらかに弾くと内容が伝わります。かけ声もノリよくかけましょう。

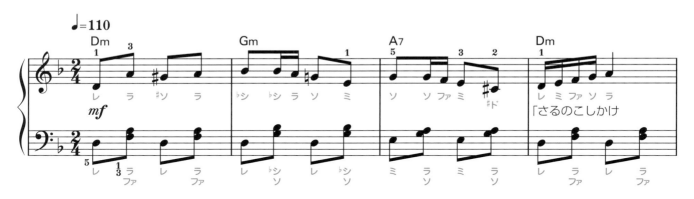

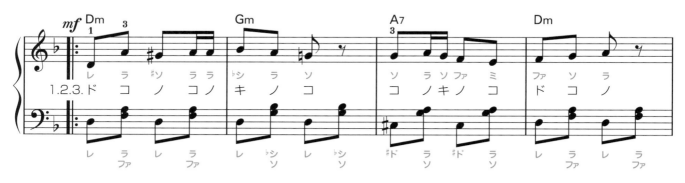

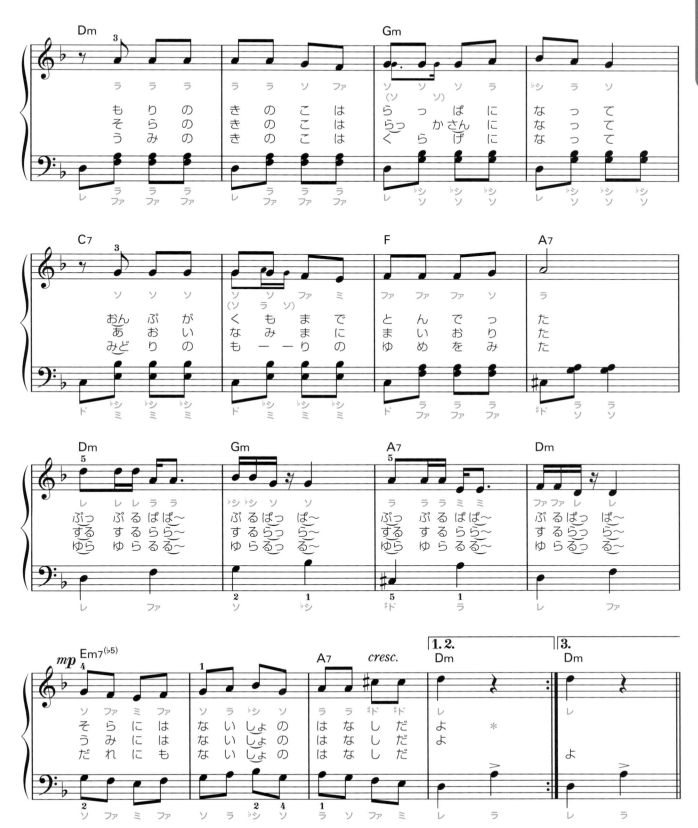

＊「ソーダダ ンッダー」というかけ声が入ります。

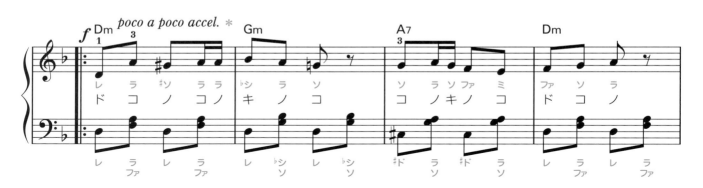

＊くり返すたびにテンポアップし、*a tempo* で元のテンポに戻ります。

たき火

作詞：巽聖歌　作曲：渡辺茂　編曲：有泉久美子

ポイント　街中でたき火を目にすることはなくなりましたが、昔は冬の風物詩でした。「おちばたき」では右手の指使いに注意。「あたろうか あたろうよ」の左手は、手首を使って柔らかく弾き、暖かい感じを出しましょう。

ぞうさん

作詞：まど・みちお　作曲：團伊玖磨　編曲：有泉久美子

弾き始めの指の位置

ポイント

イントロは左手がメロディーです。少し強めに弾きましょう。伴奏の ♩♩ のリズムは、ぞうさんの「パオーン」という鳴き声をイメージしています。重々しく演奏しましょう。

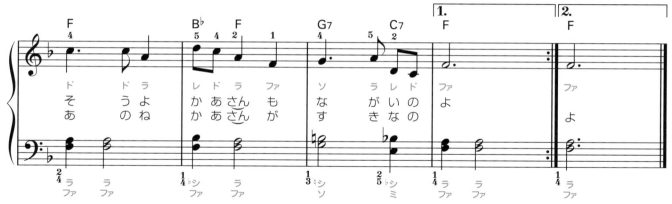

バスごっこ

作詞：香山美子　作曲：湯山昭　編曲：北原敦子

弾き始めの指の位置

ポイント イントロとエンディングの和音は、バスのクラクションのイメージです（→P270）。「おとなりへ」からの部分は、強弱の違いでメリハリをつけ、振りもつけながら楽しく歌ってもらいましょう。

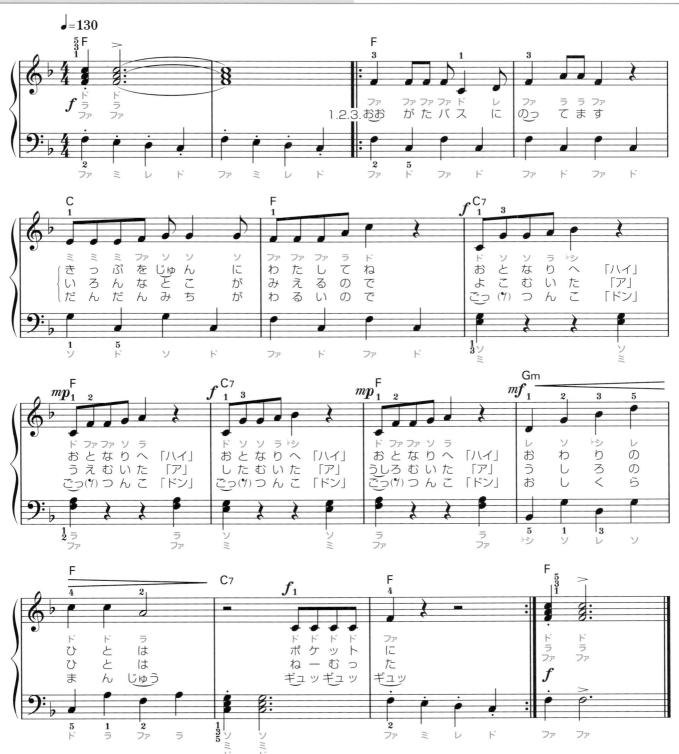

171

山のワルツ

作詞：香山美子　作曲：湯山昭　編曲：北原敦子

言葉遊び　自然　動物

弾き始めの指の位置

ポイント　歌の音域の関係で変ホ長調になっています。黒鍵が多いので気をつけましょう。左手の弾き方は13ページを参照してください。イントロから優雅な3拍子のワルツの世界を感じ、最後は美しく盛り上げてください。

172

* 「ようちえん」を「ほいくえん」「こどもえん」などと歌うこともあります。

グーチョキパーでなにつくろう

遊び歌　動物

日本語詞：不詳　フランス民謡　編曲：北原敦子

弾き始めの指の位置

ポイント　左手は全部同じ伴奏のくり返しになっていて、2小節ずつの輪唱にすることもできます。グーチョキパーの手遊びを使って、いろいろなかえ歌を子どもと一緒に考えて歌ってみましょう。

♩=108

1.2.3. グー チョキパー で　グー チョキパー で

なにつくろう　なにつくろう

みぎてが チョキ で　ひだりても チョキ で
みぎてが パー で　ひだりても パー で
みぎてが グー で　ひだりては チョキ で

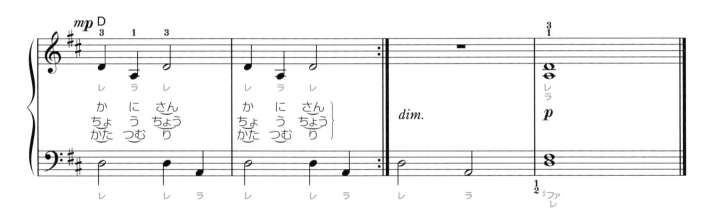

かに さん　かに さん
ちょう ちょう　ちょう ちょう
かた つむ り　かた つむ り

dim.　p

マーチング・マーチ

作詞：阪田寛夫　作曲：服部公一　編曲：北原敦子

弾き始めの指の位置

ポイント 右手の16分音符がすばやく弾けるように練習しましょう。冒険心にあふれて力強く行進するイメージで演奏し、最後は雄大な感じで終わります。左手に臨時記号がたくさん出てきます。♮にも気をつけましょう。

174

ドロップスのうた

作詞：まど・みちお　作曲：大中恩　編曲：有泉久美子

ポイント　リズミカルに演奏しましょう。「まっかな なみだが」から8小節は短調です。その悲しさを吹き飛ばすように、9小節目の左手「ソファ」の重音は力強く。エンディングの16分音符は左右の受け渡しをなめらかに。

やきいもグーチーパー

作詞：阪田寛夫　作曲：山本直純　編曲：北原敦子

弾き始めの指の位置

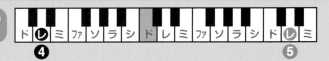

ド レ ミ ファ ソ ラ シ ド レ ミ ファ ソ ラ シ ド レ ミ
❹　　　　　　　　　　　　　　　　　　　❺

ポイント　イントロは、アウフタクト（→P13）に注意。右手は、下行音階の指またぎをすばやく行いましょう。手遊びを加えながら、くり返すごとにテンポを速くしていくと盛り上がります。

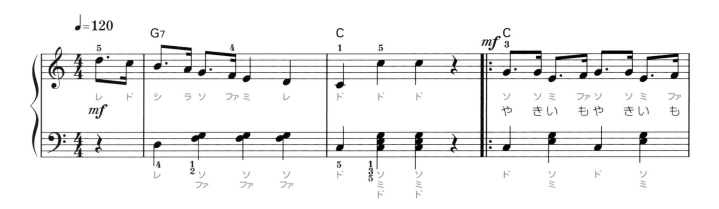

いとまき

日本語詞：不詳　デンマーク民謡　編曲：有泉久美子

遊び歌

弾き始めの
指の位置

ポイント　手遊びをしながら歌います。「とんとんとん」「おくつ」
は左右ともスタッカートで軽やかに演奏します。同じ
メロディーで違う歌詞の「雪の小ぼうず」も最近よく
歌われています。

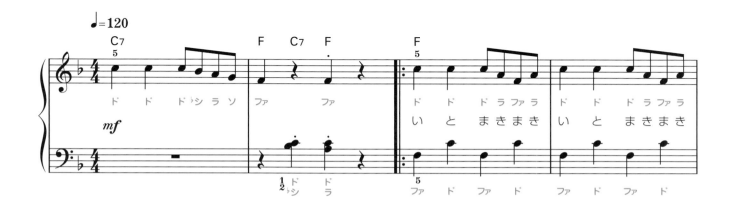

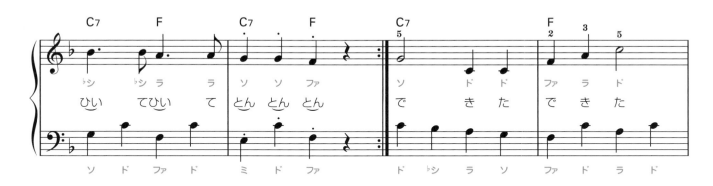

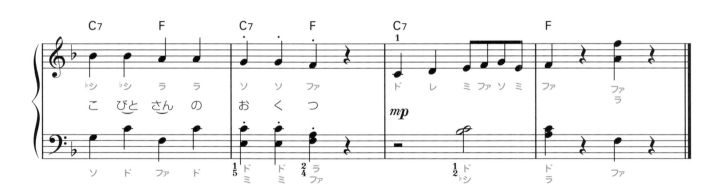

179

おめでとうクリスマス

We Wish You a Merry Christmas　　英語詞：不詳　イギリス民謡　編曲：北原敦子

弾き始めの指の位置　ド レ ミ ファ ソ ラ シ ド レ ミ ファ ソ ラ シ ド

ポイント　メロディーの出だしは2小節ずつ同じリズムをくり返しています。だんだんクレッシェンドしていき、楽しい雰囲気を盛り上げましょう。手を広げたり、指をくぐったりする箇所が多いので、指使いに要注意。

きよしこの夜

作詞：由木康　作曲：F.X.グルーバー　編曲：有泉久美子

弾き始めの指の位置

ポイント　ペダルを使ってしっとりと演奏しましょう（→P269）。ペダルを踏むのが不安なときは、左手の8分音符の鍵盤を押したまま4分音符を弾くとペダルのような効果が得られます（フィンガーペダル）。

12月

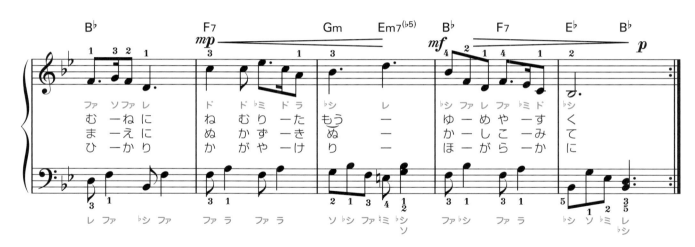

赤鼻のトナカイ

日本語詞：新田宣夫　作詞・作曲：J.マークス　編曲：有泉久美子

弾き始めの指の位置

ポイント イントロの右手はソリの鈴をイメージしています。実際に鈴を使って合奏しても楽しいです。歌に入ってからの左手は、ウッドベースのイメージ。音が短くなりすぎないように4分音符を正確にのばしましょう。

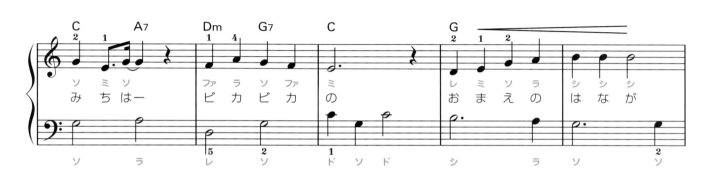

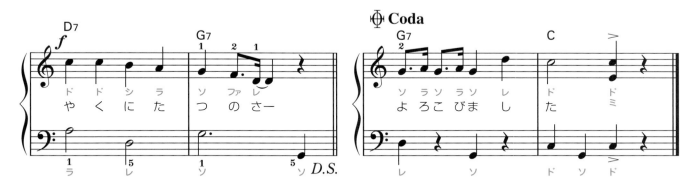

ジングルベル

日本語詞：宮澤章二　作曲：J. ピアポント　編曲：有泉久美子

弾き始めの指の位置

ラ シ ド レ ミ ファ ソ ラ シ ド レ ミ ファ ソ ラ シ
⑤　　　　　　　　　　　　　　　　**④**

ポイント　「ジングルベル」と歌うところから鈴を入れて合奏すると、華やかに演出できるでしょう。前半の伴奏はスタッカートで弾くと軽い雰囲気に、レガートで弾くと落ち着いた雰囲気になります。

♩=100

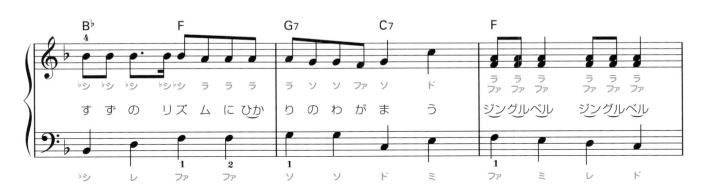

ひいらぎかざろう

日本語詞：松崎功　ウェールズ民謡　編曲：有泉久美子

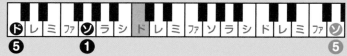

ポイント
2分音符を1拍ととらえて、2拍子のように感じてください。イントロの3小節はペダルを踏みっぱなしにして、教会の鐘のように響かせましょう。

186

あわてん坊のサンタクロース

作詞：吉岡治　作曲：小林亜星　編曲：北原敦子

弾き始めの指の位置

ファ ソ ラ シ ド レ ミ ファ ソ ラ シ ド レ ミ ファ
① ⑤

ポイント　3番カッコのあと、左手の音が増えて難しくなるので、左手だけでよく練習しましょう。テンポが速くならないように注意してください。最後の歌詞（5番）は、とくににぎやかなイメージで演奏しましょう。

12月

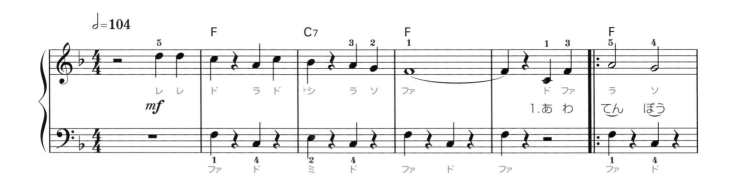

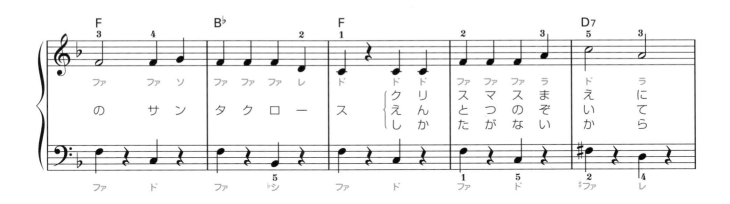

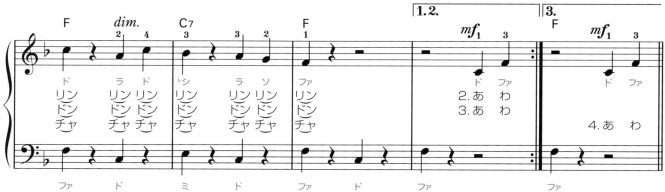

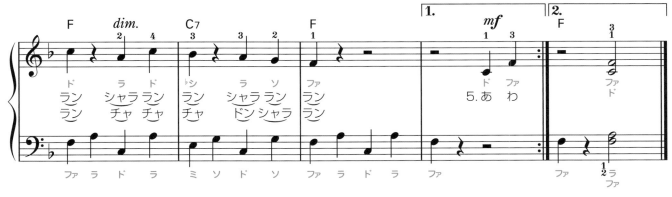

山の音楽家

日本語詞：水田詩仙　ドイツ民謡　編曲：北原敦子

言葉遊び　動物

弾き始めの指の位置

ポイント
楽器の音を描写する部分は、両手ともにはっきりとスタッカートで弾いてください。バイオリンやフルート、小太鼓など、いろいろな楽器の写真やイラストを見せたり、音を聴かせてあげてもよいでしょう。

190

191

すうじの歌

作詞：夢虹二　作曲：小谷肇　編曲：北原敦子

弾き始めの指の位置

ポイント　左手の伴奏の音がだんだん増えていくので、音量を徐々に大きくしていきましょう。数を数えたり、数字のカードで遊んだり、かえ歌を作ったりしながら、数字に慣れ親しんでいきましょう。

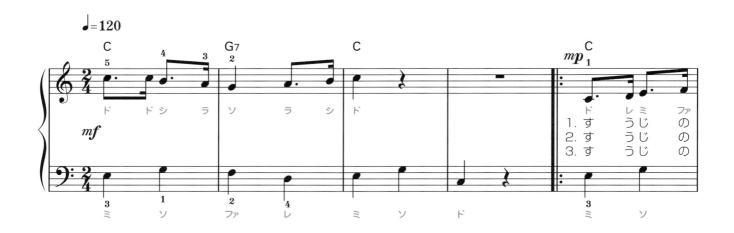

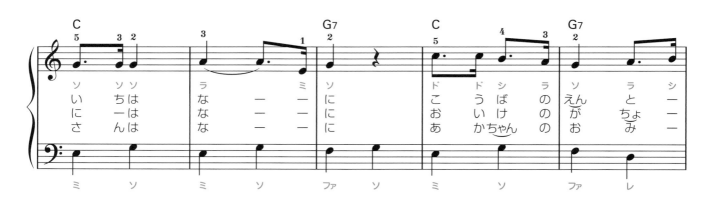

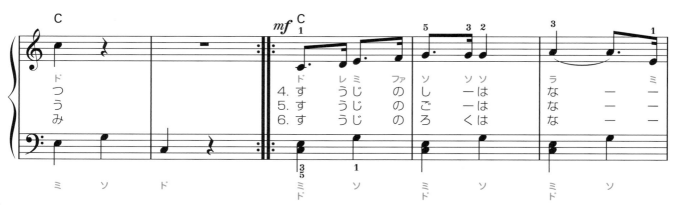

192

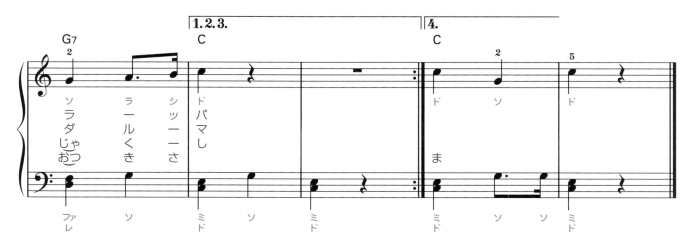

ペンギンちゃん

作詞：まど・みちお　作曲：中田喜直　編曲：北原敦子

ポイント　3段目のコードなしの部分は、あえて左手の伴奏を
なくしています。特別なことが起こっている歌詞の
内容とイントネーションを、右手の動きだけで表現
しましょう。

194

お正月

作詞・東くめ　作曲：滝廉太郎　編曲：有泉久美子

弾き始めの指の位置

ポイント　2段目、4段目の左手は、2拍目と4拍目が「ド」に固定されているので、1拍目と3拍目の変化に注目。3段目は「あそびましょう」に向かってクレッシェンドします。「おいばね」は羽根つきのことです。

1.2. もう いくつ ねると おしょうが つ

おしょうがつには {たこあげて / まりついて} {こまをーまわして / おいばねついてー} あそびましょう

は やくー こいこい おしょうが つ

たこの歌

文部省唱歌　編曲：有泉久美子

ポイント　「えだこにじだこ」は絵や字の書いてある凧のこと。なめらかな曲調ですが、3小節目をスタッカートで弾くと歌い出しへのきっかけ作りに。ほぼ同じメロディーが続くので、詞の内容を伴奏に反映させましょう。

ゆき

文部省唱歌　編曲：有泉久美子

弾き始めの
指の位置

ポイント

2番の歌詞のほうが有名ですが、1番も美しい風景を歌っています。付点のリズムはしっかりはずんで、子どもたちのウキウキした気持ちを表してください。スラーとスタッカートの違いをはっきりと。

こんこんクシャンのうた

作詞：香山美子　作曲：湯山昭　編曲：北原敦子

弾き始めの指の位置　ド レ ミ ファ ソ ラ シ ド レ ミ ファ ソ ラ シ ド

 ポイント　途中の歌がない部分は弱めに、「コンコン」の8分音符は固めにはっきりと弾きます。大きな動物になるにつれてマスクも大きくなる。そんなイメージで徐々に強く重たく演奏しましょう。

♩=104

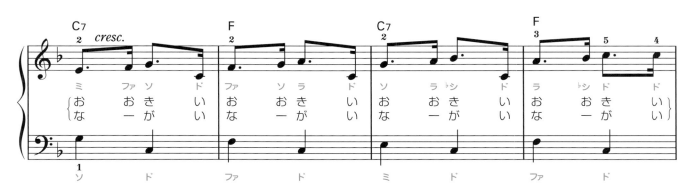
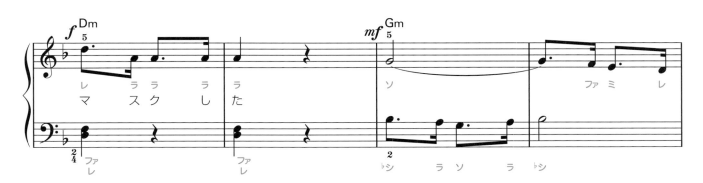
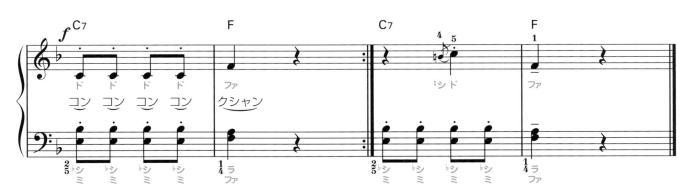

ごんべさんのあかちゃん

日本語詞：不詳　アメリカ民謡　編曲：有泉久美子

弾き始めの指の位置

ド レ ミ ファ ソ ラ シ ド レ ミ ファ ソ ラ シ ド
❷　　　　　　　　　　　　❸

ポイント　4拍目から始まるアウフタクト（→P13）の曲です。弾き始めは「1、2、3、」と心の中で数えて「4」から弾き始めます。手遊びと一緒に歌いましょう。「ともだち賛歌」（→P134）と同じメロディーです。

♩=102

200

小ぎつね

日本語詞：勝承夫　ドイツ民謡　編曲：有泉久美子

ポイント　同じ言葉（「やまのなか」など）を2回くり返すときは、強弱や表情を変化させるといきいきとした演奏に。イントロと歌い出しの右手は「ファ」で指くぐりをします。なめらかに弾けるように練習しましょう。

弾き始めの指の位置

♩=100

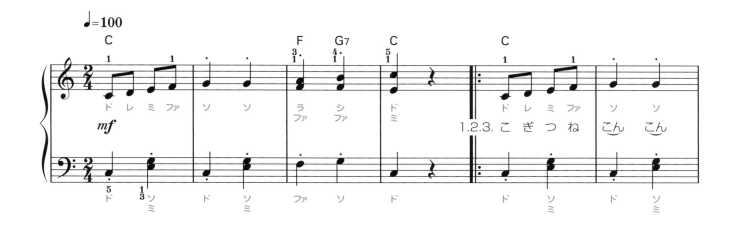

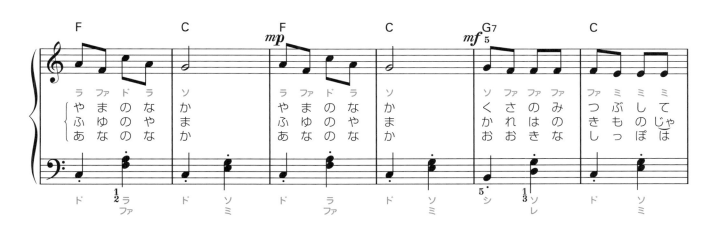

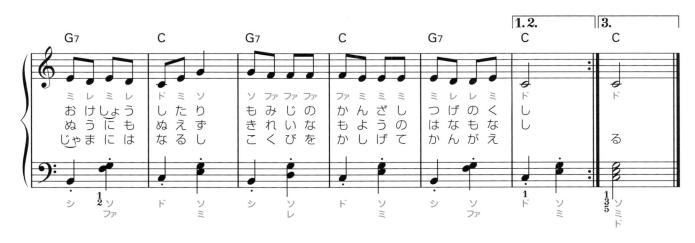

ゆきってながぐつすきだって

作詞：香山美子　曲：湯山昭　編曲：有泉久美子

弾き始めの
指の位置

ポイント　雪遊びのときに聞こえてくる音を、すてきな言葉で表現した曲です。イントロが何を表しているのか、話し合ってみるのもおもしろいと思います。3段目からの左手8分音符はあわてずに弾くよう心がけましょう。

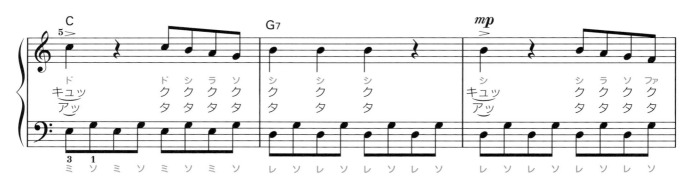

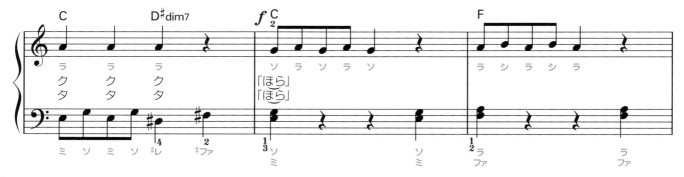

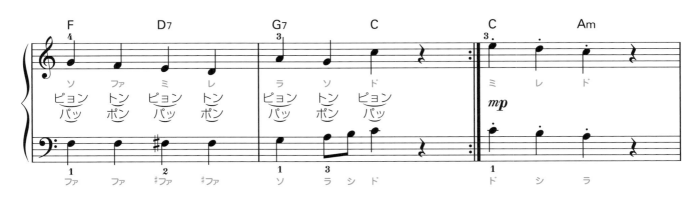
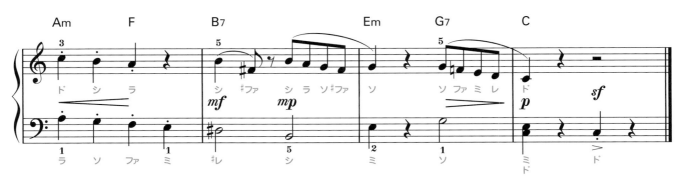

チェッチェッコリ

ガーナ民謡　編曲：北原敦子

遊び歌

弾き始めの
指の位置

ポイント

左手もメロディーと同じ音を弾いているので、右手と
リズムをそろえましょう。最初はゆっくり、何回かくり
返すごとにテンポを上げると盛り上がります。「チェッ
チェッコリ」は調子を合わせるためのかけ声です。

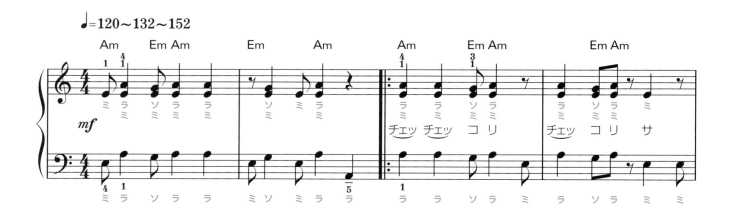

204

手をたたきましょう

日本語詞：小林純一　外国曲　編曲：有泉久美子

遊び歌

弾き始めの指の位置

体を使って泣いたり笑ったりして、表情で遊べる楽しい曲です。「わらいましょう アッハッハ」のくり返しは、ピアノが先んじて強くしていくと、歌もマネしてついてきます。

205

そうだったらいいのにな

作詞：井出隆夫　作曲：福田和禾子　編曲：北原敦子

弾き始めの指の位置

ポイント
フレーズ最初の16分音符と付点音符をタイでつないだリズムの入り方に気をつけて、明るく元気に弾いてください。くり返しがたくさんあるので、どこに戻るのか、演奏する前にチェックしておきましょう。

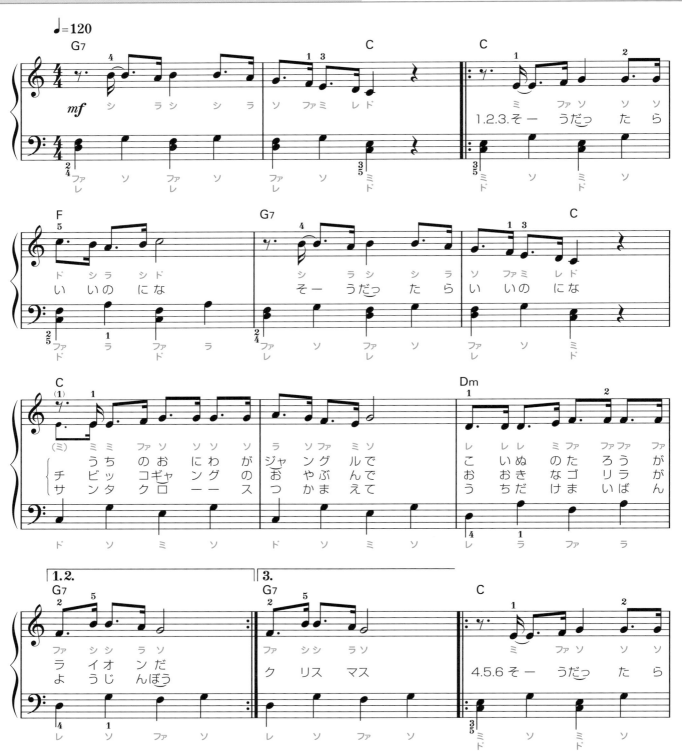

206

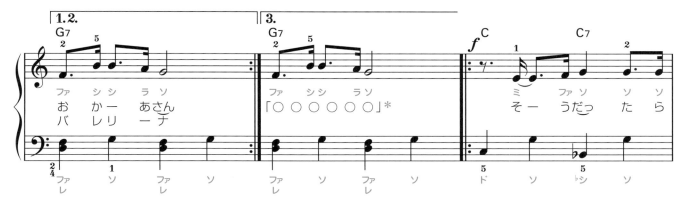

＊「○○○○○○」には、こまったときのおまじないの言葉を自由に入れましょう。（例：アブラカタブラ、チチンプイプイ）

パンダうさぎコアラ

作詞：高田ひろお　作曲：乾裕樹　編曲：有泉久美子

遊び歌　動物

ポイント

meno mosso は「今までより遅く」の意。1回目はゆっくり、リピート後は少し速くします。間奏の部分で「もう一回」「もっと速く」などのかけ声をかけ、さらに速くしてもよいでしょう。付点のリズムは14ページを参照。

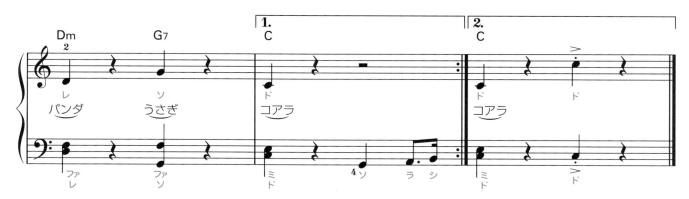

わらいごえっていいな

作詞・作曲：田山雅充　編曲：北原敦子

言葉遊び　動物

弾き始めの指の位置

ポイント

最初はコードなしですが、3小節目からの両手の和音の充実した響きをよく感じてください。左右の手のリズムの合わせ方にも注意。笑い声のところはとくに元気よく。「うそ〜っ！」の和音は不思議な響きです。

1.2.わらいごえっ　て　い　いなー

たのしそう　で　さ　なんだか　ウキウキー

うれしくなっ　ちゃう　よ　おとうさんがら　ワッハッハ
　　　　　　　　　　　　　いぬがわ　う　　ワンワハンワハン

おにのパンツ

日本語詞：不詳　作曲：L.デンツァ　編曲：有泉久美子

定番　生活

弾き始めの
指の位置

ファ ソ ラ シ ド レ ミ **ファ** ソ ラ シ **ド** レ ミ **ファ** ソ ラ シ ド **レ** ミ

❺　　　　　　　　　　　　　　　❺

ポイント　原曲は「フニクリフニクラ」
というイタリアの歌です。
8分の6拍子は、2拍子に
感じて弾きます（→P13）。

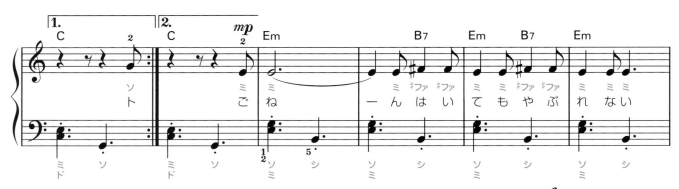

212

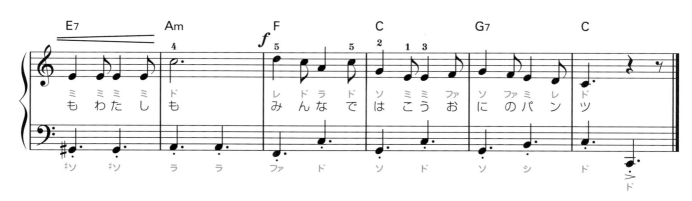

豆まき

作詞・作曲：日本教育音楽協会　編曲：北原敦子

弾き始めの
指の位置

ポイント　イントロでも、「ぱらっぱらっ」という豆まきの音を
イメージして、スタッカートを意識しながら弾いてく
ださい。前打音（→P17）を軽やかに、かわいらしく
弾きましょう。

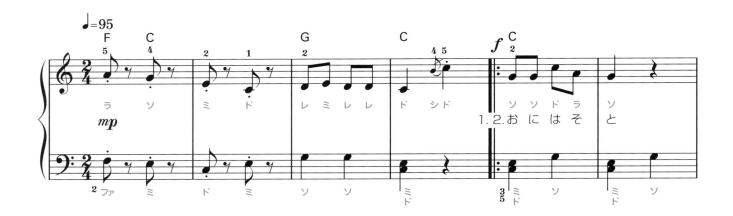

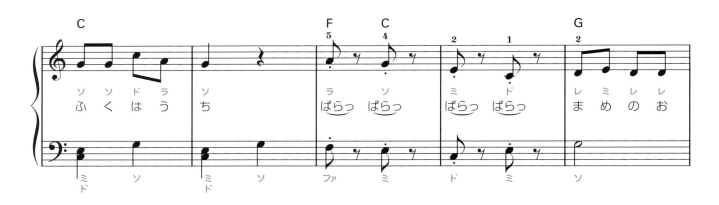

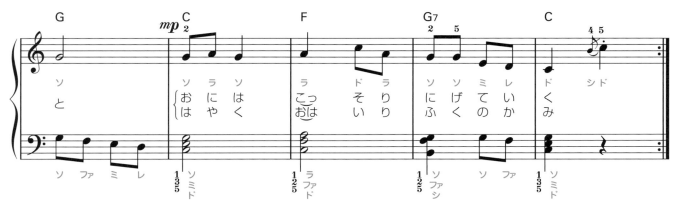

おおさむこさむ

わらべうた　編曲：有泉久美子

定番　自然

弾き始めの指の位置

ラ シ ド レ ミ ファ ソ ラ シ ド レ ミ ファ ソ ラ
❺　　　　　　　　　　　　　　　　❺

ポイント
日本の音階を使ったわらべうたで、3つの音でできています。16分音符が続くところは、手首をしなやかに保ってください。1小節遅れて歌い出す輪唱にも挑戦してみましょう。

♩=80

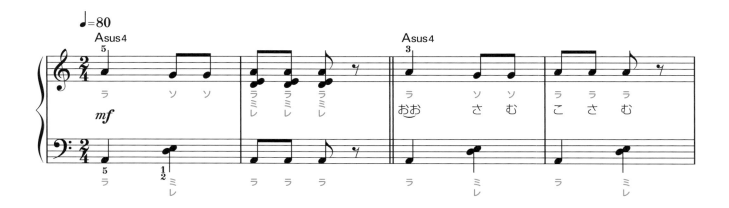

ラ　　　　　　ソ　ソ
ラミレ ラミレ ラミレ
ラ　　ラ　ラ
おお　　さむ　　こさむ
ラ　　　ソ　ソ　　ラ　ラ　ラ

ラ　　　　ミレ　　ラ　ラ　ラ　　ラ　　ミレ　　ラ　　ミレ

ラ ラ ソ ソ ラ ラ ソ ソ　　ラ ラ ラ ラ ミ
やまからこぞうが　　ないてきた
ラ　ソ ソ ソ　ソ　　ラ ラ ラ ラ ミ
な　んといって　　ないてきた

ラ　　ミレ　　ラ　ミレ ミレ　　ラ　　ミレ　　ラ　ミレ ミレ

ラ ラ ソ ソ ソ　ソ　　ラ ラ ラ ラ ミ
さむいといって　　ないてきた
ラ　　　ソ ソ　　ラ　ラ　ラ
p

ラ　　ミレ　　ラ　　ミレ　　ラ　　ソ ソ　　ラ　ラ　ラ

北風小僧の寒太郎

作詞：井出隆夫　作曲：福田和禾子　編曲：北原敦子

ポイント 長い音符にかかるタイが多く、タイが小節線を越えることも多いので、拍をしっかり数えましょう。歌い出しの4小節と次の4小節は、フレーズを大きくとらえてください。最後のアルペジオはていねいに。

216

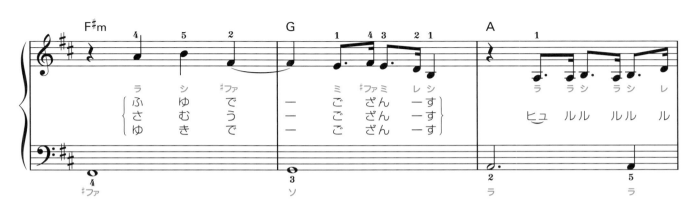
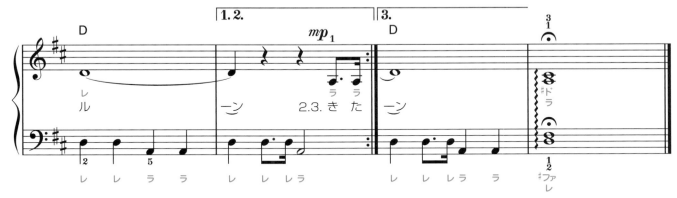

ゆげのあさ

作詞：まど・みちお　作曲：宇賀神光利　編曲：有泉久美子

弾き始めの指の位置

ポイント 冬の寒い朝の光景を切り取った印象深い曲です。伴奏は「ぽっぽっぽ」以外はレガートで暖かい感じで弾きましょう。エンディング右手の「ソラ」の連打はゆげでしょうか、汽車でしょうか。

日本語詞：鈴木一郎　外国曲　編曲：北原敦子

遊び歌 ／ 動 物

弾き始めの指の位置

ポイント

4小節ごとに徐々に強くしていくと、ねずみが集まってくる様子が思い浮かびますね。4小節ずつの輪唱ができます。3パートに分かれてくり返すと、ハーモニーの美しさが楽しめます。

2月

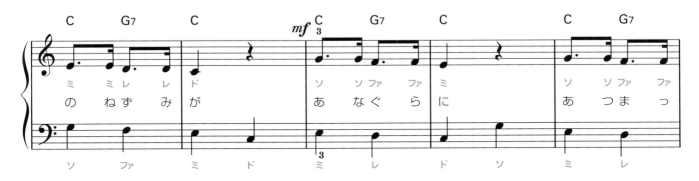

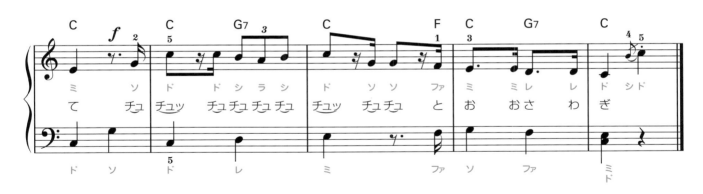

おもちゃのマーチ

作詞：海野厚　曲：小田島樹人　編曲：有泉久美子

弾き始めの指の位置

ポイント 行進曲のリズムでテンポよく弾きましょう。4小節ごとの左手のスラーは、最初の音を強く弾くと前に進む感じがでます。「やっとこ」のリズムで、カスタネットなどを使って合奏するのも楽しいですね。

ドレミの歌

日本語詞：ペギー葉山　作詞：O.ハマースタインⅡ　作曲：R.ロジャース　編曲：北原敦子

弾き始めの指の位置

ポイント
メロディーが音階になっているところは、指くぐりのタイミングに気をつけましょう。223ページの2段目からは、2パートに分かれているので、できたら合唱や合奏にもチャレンジしてみましょう。

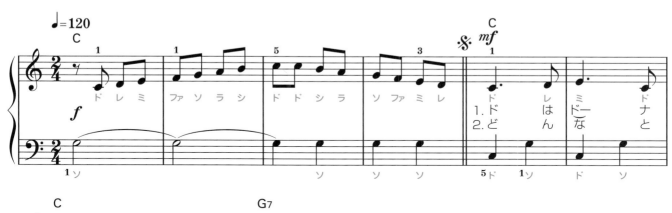

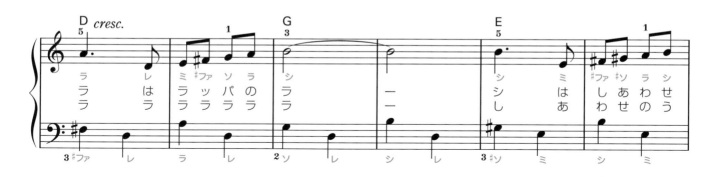

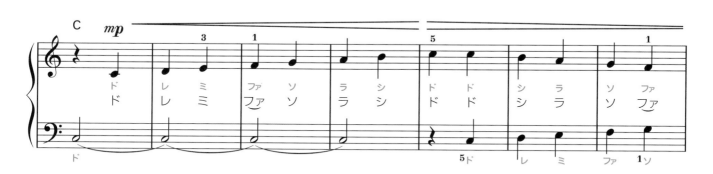

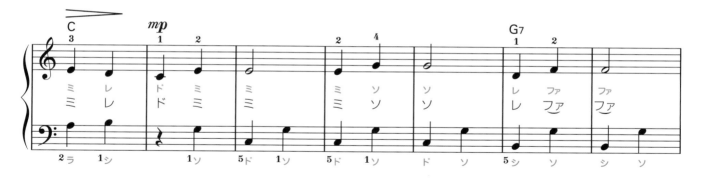

クラリネットをこわしちゃった

日本語詞：石井好子　フランス民謡　編曲：北原敦子

弾き始めの指の位置

ポイント 右手の同じ音が続くところは、手首を楽にして指を早めに上げると弾きやすいでしょう。「とってもだいじに」からのリズムは付点の有無に注意。「コラ！」には、大太鼓などの打楽器を加えてもおもしろいです。

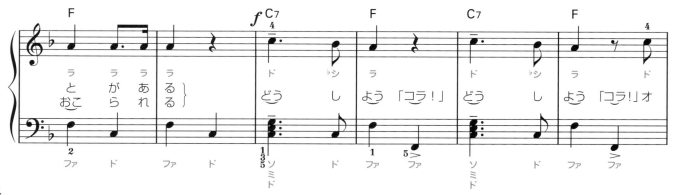

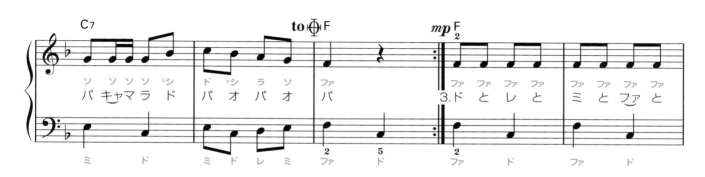

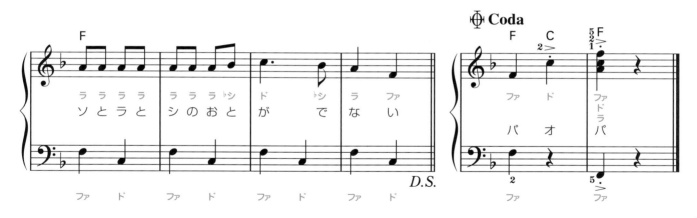

ぼくのミックスジュース

作詞：五味太郎　作曲：渋谷毅　編曲：北原敦子

生　活　友だち

弾き始めの
指の位置

ドレミファソ**ラ**シドレミファソ**ラ**シド
❶　　　　　　　　❺

ポイント

後半の「ミックスジュース」からト長調に転調し、2・3番でニ長調に戻ります。ト長調では「ド」に♯はつかないので、注意してください。後半の左手の伴奏は元気よく弾きましょう。

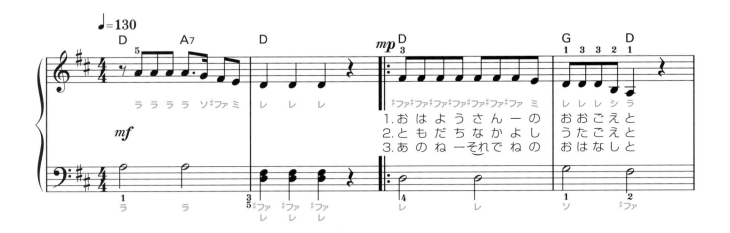

1.おはようさんーの　おおごえと
2.ともだちなかよし　うたごえと
3.あのねーそれでねの　おはなしと

キ ラ キ ラ キ ラーの　おひさまーと　それにゆう　べ の
スカッとはれーた　おおぞらと　それにけん　か の
ほんわかおふろの　いいきもち と　それにひざ こぞうの

こ わ い ゆ め　　みんなミキサーに　ぶ ち こ ん で
べ そ っ か ず
す り き ず を

226

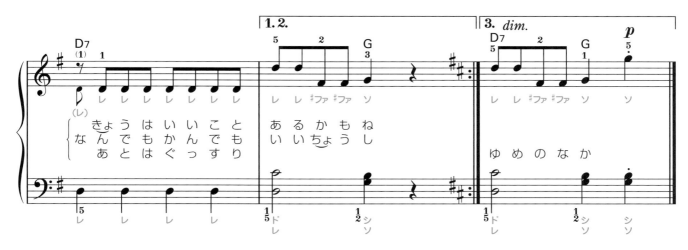

ミッキーマウス・マーチ

日本語詞：漣健児　作詞・作曲：J.ドッド　編曲：有泉久美子

アニメ　動物

弾き始めの指の位置

ポイント：思わず行進をしたくなるミッキーマウスのテーマ曲です。歩きやすいテンポでリズムを正確に伴奏しましょう。「ヘイヘイヘイ」のところは音程にとらわれず元気よく、こぶしを上げながら歌ってもいいですね。

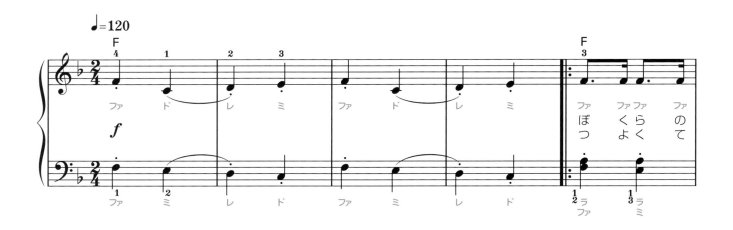

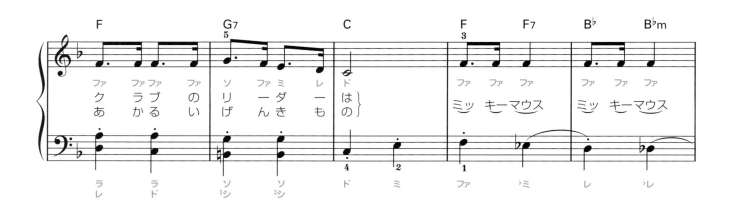

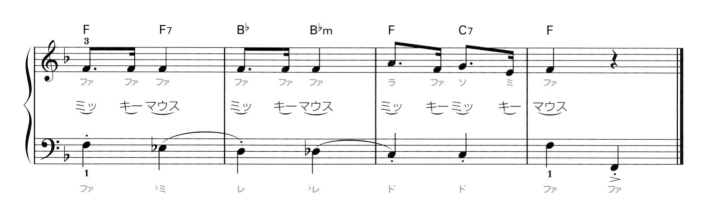

ハッピーチルドレン

作詞：新沢としひこ　作曲：中川ひろたか　編曲：北原敦子

弾き始めの指の位置

ポイント：左手の伴奏が重たくならないように、軽く弾いてください。後半の「ハッピー」からは、いろいろなリズムが組み合わさっています。右手の16分音符や、左手の合いの手のリズムのタイミングにも気をつけて。

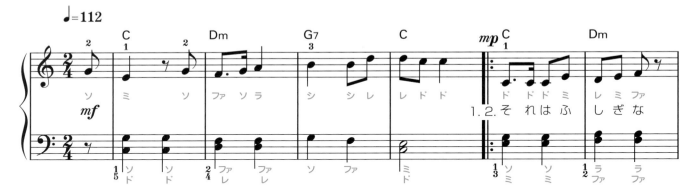

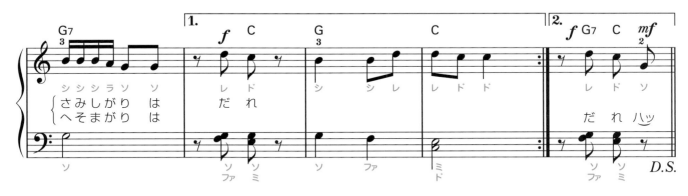

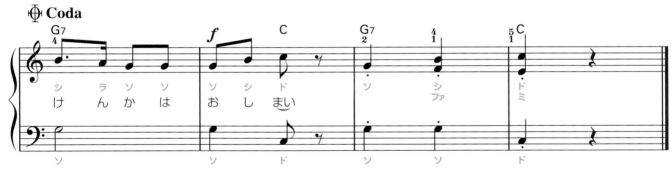

おもちゃのチャチャチャ

作詞：野坂昭如　補作詞：吉岡治　作曲：越部信義　編曲：有泉久美子

 弾き始めの指の位置

 ポイント

チャチャチャは、社交ダンスにも使われるラテン音楽のリズムです。「おもちゃ」とかけ合わせて語呂のよい曲になっています。「チャチャチャ」は元気よく歌い、手拍子や打楽器を加えても楽しいでしょう。

となりのトトロ

作詞：宮崎駿　作曲：久石譲　編曲：北原敦子

いろいろな種類の和音が出てきます。それぞれの響きを味わってください。イントロとサビの「トトロ、トトロ」の部分はリズムが難しいので、両手でよく練習しましょう。最後の右手の和音をはずさないように。

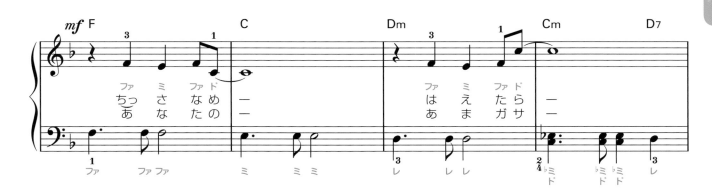

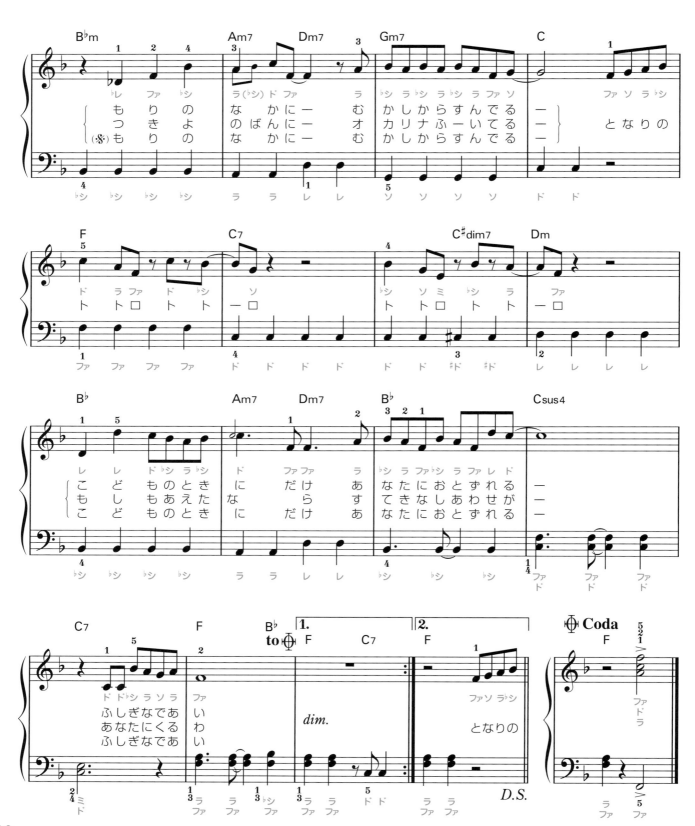

 ふしぎなポケット

作詞：まど・みちお　作曲：渡辺茂　編曲：北原敦子

 生活

2月

ポイント　3段目から左手の伴奏形が変わります。気分を変えて少し遅いテンポで、弱めに弾きましょう。エンディングでは、また出だしの雰囲気に戻って、軽快に楽しく終わります。

弾き始めの指の位置

1.ポケットの　なかには
2.もひとつ　たたくと

ビスケットが　ひとつ　ポケットを　たたいて　たたくと　みるたび　ビスケットは　ふたつ
ビスケットは　みっつ

そんな　ふしぎな　ポケットが　ほしい　そんな

ふしぎな　ポケットが　ほしい

mf a tempo

* *meno mosso* は今までより遅く。*a tempo* で元のテンポに戻ります。　237

うれしいひなまつり

作詞：サトウハチロー　作曲：河村光陽　編曲：有泉久美子

弾き始めの指の位置

ポイント　日本に昔からある、5つの音を使ったメロディーです。出だしのリズムや歌い出しの左手8分音符は、鼓など日本の太鼓をイメージしましょう。

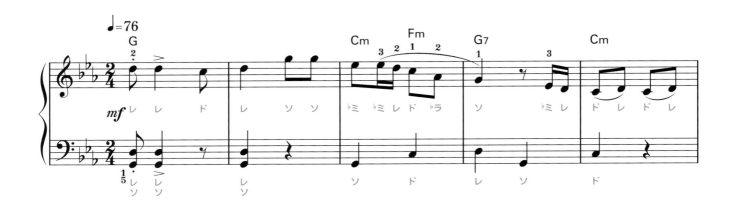

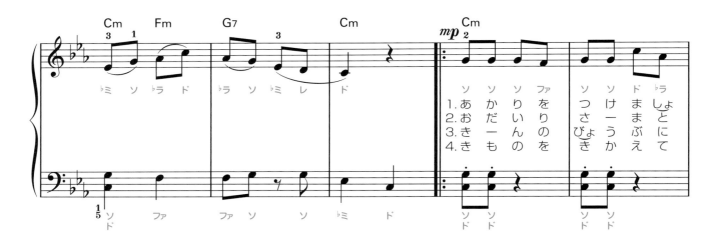

1. あかりを つけましょ ぼんぼりに
2. おだいり さまと おひなさま
3. きものを きかえて おびしめて
4. きしゃの ごてんに たなびけば

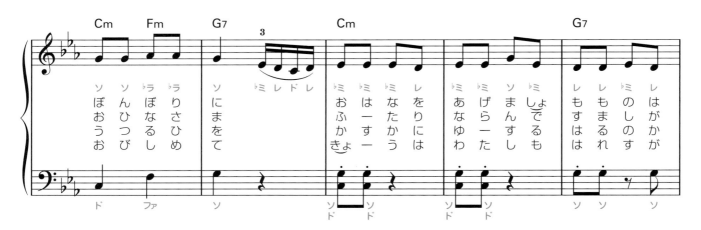

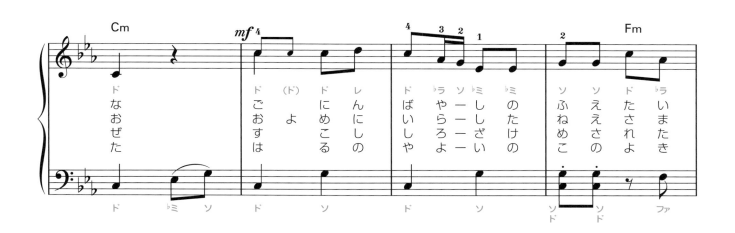

春がきた

作詞：高野辰之　作曲：岡野貞一　編曲：有泉久美子

弾き始めの指の位置

ポイント　4小節をひとまとまりとして考え、全体を通してなめらかに弾きましょう。イントロは3小節目に向かって、3段目は「のにも きた」に向かって、盛り上げるように演奏しましょう。

さくらさくら

日本古謡　編曲：北原敦子

定番　自然

弾き始めの指の位置

ポイント　日本の音階を用いたメロディーです。強弱の変化を意識して演奏しましょう。2小節目と最後の小節の「ミラシミ」は、アルペジオで弾いてもいいでしょう（→P17）。

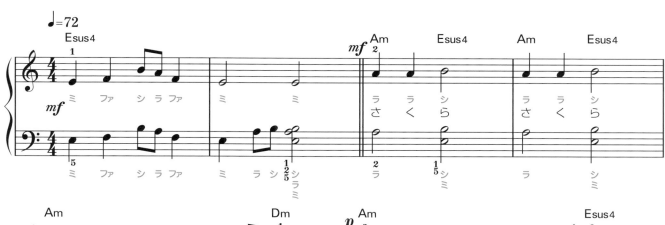

森のくまさん

日本語詞：馬場祥弘　アメリカ民謡　編曲：有泉久美子

弾き始めの指の位置

ド レ ミ ファ ソ④ ラ シ ド レ ミ ファ ソ ラ③ シ ド

ポイント 前半はマネっこ、後半はみんなで一緒に歌う形式です。ピアノも二人が歌っているように、「あるーひ、（あるーひ、）」と音を切って弾きましょう。243ページはくまが追いかけてくる様子を伴奏で表しています。

かわいいかくれんぼ

作詞：サトウハチロー　作曲：中田喜直　編曲：北原敦子

　動物

弾き始めの指の位置

 ポイント

歌い出しはかわいらしく始まりますが、「だんだんだれが」のところは、表情を変えて静かに。この部分はわらべうたのようですね。3番の最後は、徐々にゆっくり終わってもいいでしょう。

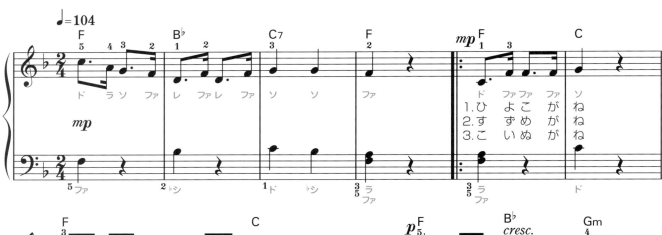

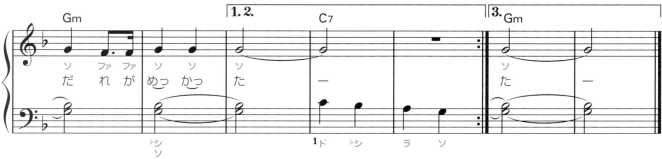

思い出のアルバム

作詞：増子とし　作曲：本多鉄麿　編曲：有泉久美子

弾き始めの
指の位置

ポイント

おおらかなメロディーですが、歌のブレスが難しい曲です。伴奏も歌と一緒にブレスをする気持ちで弾くと歌いやすくなります。後半は左手の伴奏が動きます。左右の音のバランスに注意して弾きましょう。

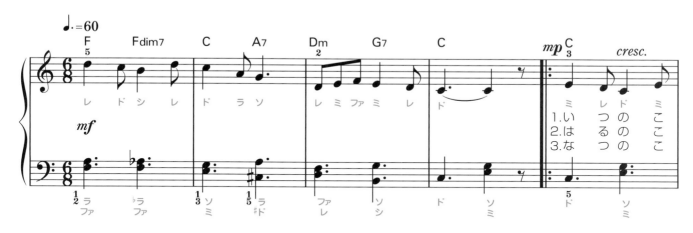

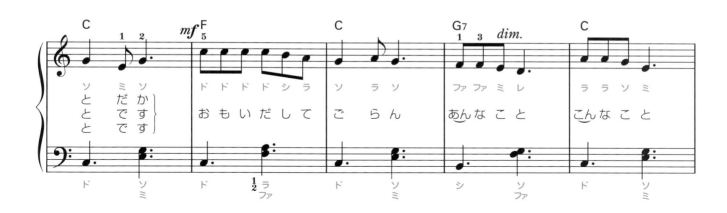

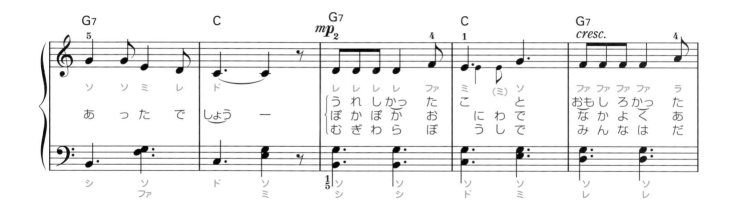

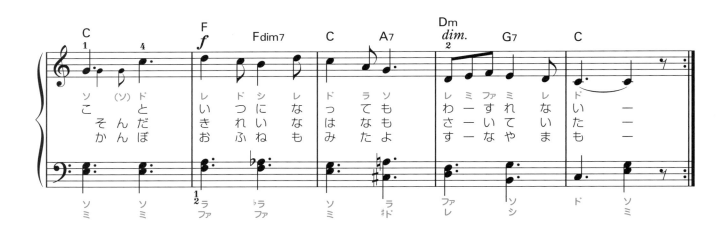

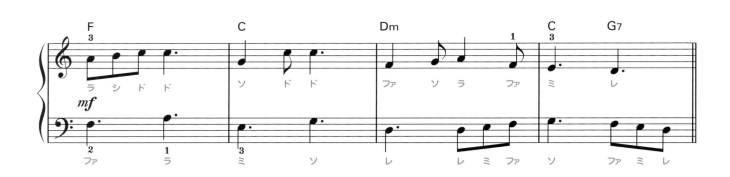

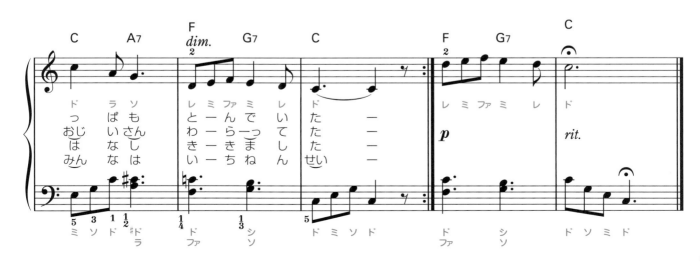

247

ありがとう・さようなら

作詞：井出隆夫　作曲：福田和禾子　編曲：北原敦子

弾き始めの指の位置

ポイント 変ホ長調なので、「シ」「ミ」「ラ」に♭がつくことを確認しておきましょう。できればペダルをつけて流れるようにやさしく弾いてください。歌の最後の rit. やフェルマータは、歌と伴奏がずれないように注意。

一年生になったら

作詞：まど・みちお　作曲：山本直純　編曲：北原敦子

弾き始めの指の位置

ポイント　イントロのテンポが速くなりすぎないように。2段目以降は、左手が2小節ずつ同じように動くところが多いので、パターンで覚えると弾きやすいです。「ひゃくにんで」では、大きく盛り上げてください。

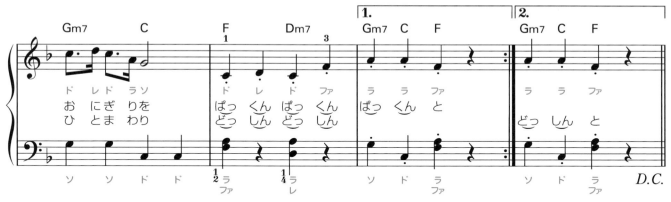

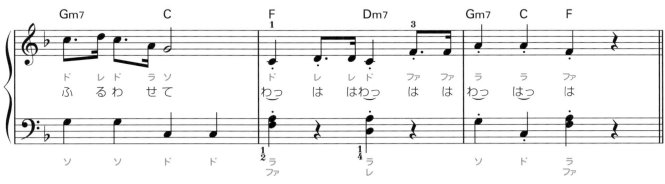

きみとぼくのラララ

作詞：新沢としひこ　作曲：中川ひろたか　編曲：有泉久美子

弾き始めの指の位置

ポイント　さよならの時期の複雑な気持ちを表した曲です。リズムが難しそうですが、迷ったときには歌を歌い、そのとおりにピアノを弾いてみてください。全体にしっとりと。ペダルを使うといいでしょう。

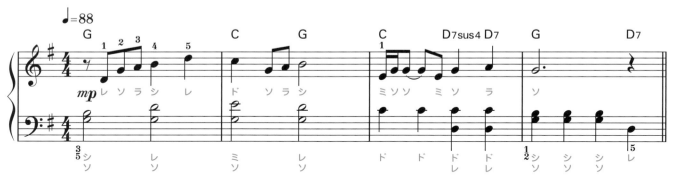

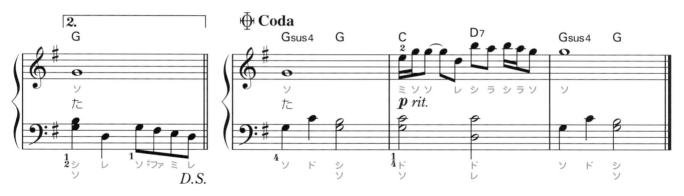

さよならマーチ

作詞：こわせ・たまみ　作曲：髙井達雄　編曲：有泉久美子

別れの曲ですが、一年生になる希望を歌った曲です。思い切りよく演奏しましょう。4段目「ぼくが てをふる」のリズムは、シンコペーションといいます。左右のタイミングに注意しましょう。

世界中のこどもたちが

作詞：新沢としひこ　作曲：中川ひろたか　編曲：有泉久美子

弾き始めの指の位置

ポイント 左手で元気よくしっかりリズムを刻み、マーチのように演奏しましょう。257ページは短調と長調が2小節交代で出てきます。響きの違いを感じましょう。

© 1989 by CRAYONHOUSE CULTURE INSTITUTE　　　　＊イントロの音はサンバ・ホイッスルをイメージしましょう。

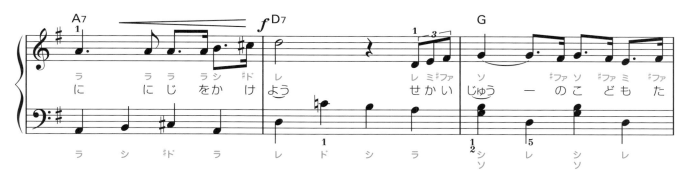

はじめの一歩

作詞：新沢としひこ　作曲：中川ひろたか　編曲：有泉久美子

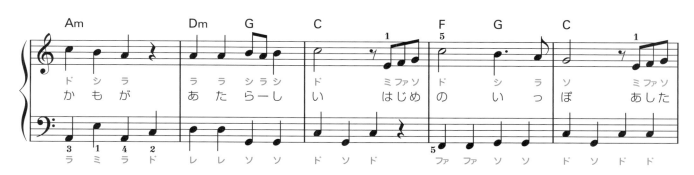

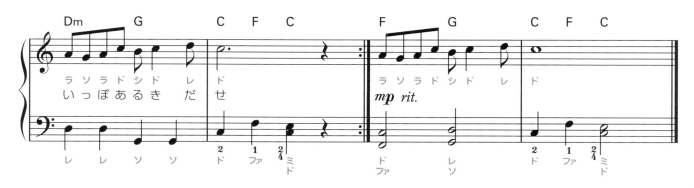

ビリーブ

作詞・作曲：杉本竜一　編曲：有泉久美子

旋律は8分音符が続いています。1つひとつの音をしっかり弾くことも大切ですが、2小節や4小節単位でなめらかに弾くように心がけましょう。262ページの「アイ ビリーブ～」に向かって盛り上げましょう。

弾き始めの指の位置

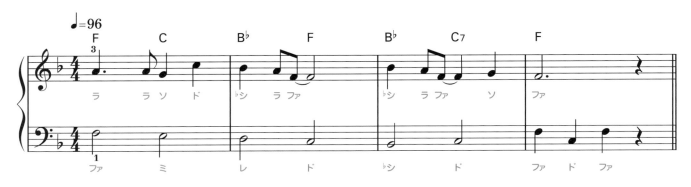

1. たとえばきみが　きずついて　くじけそう　に　なっ　たときは
2. もしもだれかがき　みのそばで　なきだしそう　に　なっ　たときは

かならずぼくが　そばにいて　ささ　えてあげるよ　そのかたをくれるよね
だまってうでを　とりながら　いっしょにあるいて

せかいい　じゅうの　きぼう　のせて　このち
せかい　じゅうの　やさし　さーで　このち

260

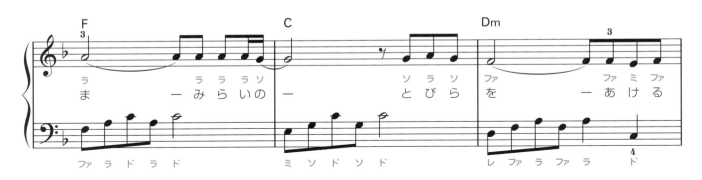

みんなともだち

作詞・作曲：中川ひろたか　編曲：北原敦子

弾き始めの指の位置

ポイント 音がのびているときや休符のときにも、付点のリズムを感じて弾きましょう。3段目の2拍3連（♫♫）の拍感に注意してください。臨時記号が多いので気をつけましょう。エンディングは271ページを参照。

3月

卒園

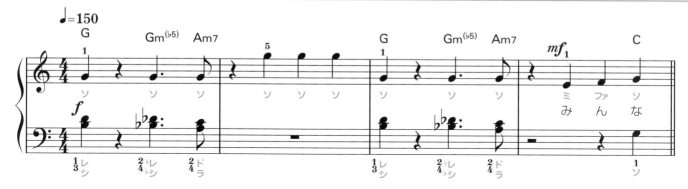

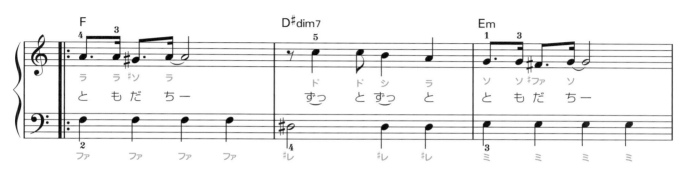

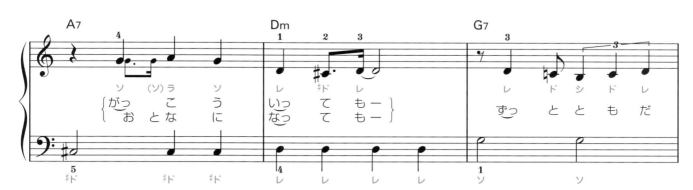

265

さよならぼくたちのほいくえん

イベント 友だち

作詞：新沢としひこ　作曲：島筒英夫　編曲：北原敦子

弾き始めの
指の位置

ポイント：歌い出し部分は、左手を広げて準備。できればペダルをつけましょう。メロディーに出てくる16分休符のタイミングに気をつけて、出遅れないようにしましょう。

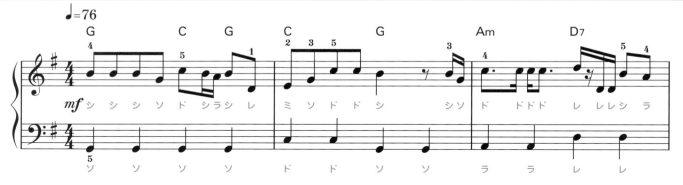

＊「ほいくえん」を「ようちえん」「こどもえん」などと歌うこともあります。

応用編 楽しく歌える 伴奏のポイント

♪ コード伴奏

本書は全曲にコードネームがついています。コードネームは、コード（和音）を構成
する音を示す略記法で、ギター伴奏やピアノの弾き語りなどにも活用できます。

●コードの音の並びかた

Point
音を並べる順
番は違います
が、コードは同
じです。

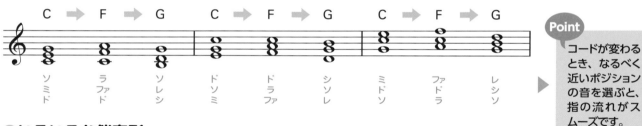

Point
コードが変わる
とき、なるべく
近いポジション
の音を選ぶと、
指の流れがス
ムーズです。

●いろいろな伴奏形

いろいろな伴奏形で「どんぐりころころ」を弾いてみましょう。

P162「どんぐりころころ」より

268

●両手伴奏にチャレンジ

子どもたちがしっかり歌えるようになったら、両手伴奏にもチャレンジしてみましょう。
音域が広がるので華やかな響きになります。

Point
歌う人数が多いときなどは、左手に1オクターブ下の音を重ねると、安定感のあるサウンドになります。

♪ ペダルの踏みかた

ピアノの右ペダルはダンパーペダルと呼ばれ、踏むと響きが残ります。なめらかな
曲や静かな曲では、ダンパーペダルを上手に使うと、とても豊かな響きが楽しめ
ます。

本書にはペダル記号を記していませんが、以下のような点に注意して、ペダルに挑
戦してみましょう。

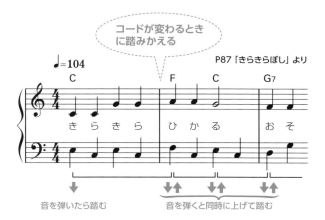

Point
ペダルを踏むときは、自分の音をよく聴きましょう。踏みっぱなしは音がにごってくるのでNG。踏みかえるのが難しい場合は、ペダルを使わない選択も有効です。

Point
踏むポイントは、足指の付け根と土踏まずの間のふくらんだ部分です。かかとは床にしっかりつけて、足首の運動でペダルを動かします。踏むタイミングは音を弾いたすぐあと。コードが変わるときを目安に踏みかえましょう。

🎵 歌いやすいイントロの弾きかた

イントロには、その曲のテンポや強弱、曲想などが示されています。弾く前にどんな曲なのか、イメージをふくらませておくとよいでしょう。歌い出しの前には子どもたちと一緒にブレスしましょう。

P95 「おうま」より

Point

歌の最後に出てくる「ポックリポックリあるく」のメロディーをイントロに使っています。この部分の歌いかたをイメージして、テンポを決めましょう。

P90 「かもめの水兵さん」より

Point

この歌の特徴である付点のリズムをイントロに使っています。子どもたちが付点のリズムに乗れるように、右手のリズムをはっきりと弾きます。

P171 「バスごっこ」より

Point

右手の和音はバスのクラクションを表しています。エンディングにも同じ和音がありますので、弾きかたをそろえましょう。

🎵 イントロの長さを調節する

発表会などのイベントで、子どもたちの入場のタイミングに合わせて、歌のイントロのサイズを調節したいときがあります。イントロを長くしたいときは、イントロ部分のコード進行の、和音だけを何回かくり返して弾き、楽譜のイントロ部分につなげます。簡単でタイミングの調節がしやすい方法です。

P164 「まっかな秋」より

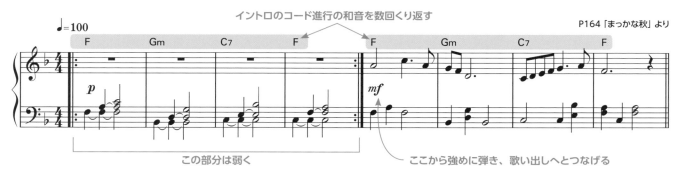

印象的なエンディングの弾きかた

エンディングを弾くときは、その曲のイメージを最後にもう一度印象づけるように弾きたいもの。歌のあとにもピアノ伴奏が続く場合は、歌の雰囲気を壊さないように気をつけながら、曲の余韻が残るように心がけましょう。

P110「とんでったバナナ」より

Point

歌い切りのパターンです。バナナの冒険物語を、明るく元気にしめくくりましょう。

P263「みんなともだち」より

Point

ポピュラー音楽によくあるエンディングのコード進行です。リズムをはっきり、ノリよく弾きましょう。

エンディングを追加する

歌い切りで終わる楽譜にエンディングを追加したいとき、次のような方法があります。

●もう一度最後の4小節をくり返す

右手をオクターブ上に上げると変化が出る

さらに1オクターブ上のドへ

P124「月」より

●イントロの4小節をエンディングとして使う

しばらくのばす

アルペジオで終わる

つなぎのフレーズを入れる

だんだんゆっくり

編曲・執筆者 **有泉久美子**（ありいずみ くみこ）

作・編曲家。ピアノ教室主宰。東京藝術大学作曲科卒。演奏活動のかたわら、ヤマハクラビノーバスタッフ、PEN本部スタッフを歴任し、電子楽器やミュージックソフトなどを使った新しいピアノレッスンの提案を行ってきた。また、『新版オルガン・ピアノの本』（ヤマハミュージックメディア）など教育用テキストの編集にも携わり、現在は雑誌の連載のほか、各地でピアノ指導者に向けて、レッスンに役立つさまざまな講座を展開している。共著に『みんなの発表会 はじめてのアンサンブル教本』（ヤマハミュージックメディア）など。

編曲・執筆者 **北原敦子**（きたはら あつこ）

東京藝術大学附属高校を経て同大学作曲科卒、同大学院ソルフェージュ科修了。作・編曲、演奏活動のかたわら、コンサートの企画・構成、音楽書籍・雑誌への寄稿・校閲、文化ボランティアや音楽教育活動に広く携わる。大学在学中より35年以上主宰しているピアノ教室では、幼児から大人まで幅広い世代を指導。生徒には現役の保育士や保育科の学生も多く、保育現場で無理なく効果的に演奏できるノウハウを提案している。『バイエル ピアノ教則本』（ヤマハミュージックメディア）の校訂・解説、『音楽をもっと好きになる本1・2』（学研プラス）、『新版 新しいヴァイオリン教本』（音楽之友社）などの編集協力のほか、『一番よくわかる楽典』『やさしくわかる楽譜の読み方』（ともにナツメ社）などの執筆を担当。

イラスト	きつ まき
デザイン	田中 小百合（osuzudesign）
楽譜浄書・DTP	株式会社クラフトーン
執筆・編集協力	工藤啓子

※本書は、当社刊『やさしいアレンジで楽しく弾ける！ 保育のピアノ伴奏 12か月 人気150曲』（2016年4月発行）を再編集し、書名等を変更したものです。

新版 やさしいアレンジで楽しく弾ける！
保育のピアノ伴奏 12か月 人気156曲

編　者	西東社編集部［せいとうしゃへんしゅうぶ］
発行者	若松和紀
発行所	株式会社 西東社

〒113-0034　東京都文京区湯島2-3-13
https://www.seitosha.co.jp/
電話　03-5800-3120（代）
※本書に記載のない内容のご質問や著者等の連絡先につきましては、お答えできかねます。

落丁・乱丁本は、小社「営業」宛にご送付ください。送料小社負担にてお取り替えいたします。
本書の内容の一部あるいは全部を無断で複製（コピー・データファイル化すること）、転載（ウェブサイト・ブログ等の電子メディアも含む）することは、法律で認められた場合を除き、著作者及び出版社の権利を侵害することになります。代行業者等の第三者に依頼して本書を電子データ化することも認められておりません。
日本音楽著作権協会（出）特許第2010939-405号

ISBN 978-4-7916-3006-6